Heinrich Preschers

Letzte Antwort der Würtembergischen Theologen

Heinrich Preschers

Letzte Antwort der Würtembergischen Theologen

ISBN/EAN: 9783743603486

Hergestellt in Europa, USA, Kanada, Australien, Japan

Cover: Foto ©Lupo / pixelio.de

Weitere Bücher finden Sie auf **www.hansebooks.com**

Letste Antwort der Wirtenber=
gischen Theologen/

Wider die Haidelber=
gische Theologen/von der Maiestet
des Menschen Christi zur Gerechten der all-
mächtigen Krafft Gottes/vnd seiner war-
hafftigen Gegenwertigkeit im heili-
gen Abendtmal.

Sampt angehefften Zeugnussen der
fürnembsten Theologē vnserer zeit/so vor etlich
jaren/eben auch dise Lehr von der Maiestet Christi
mit vns einhelliglich gefüret / dardurch die warhafftige
Gegenwertigkeit seines Leibs vnd Blüts im
heiligen Nachtmal erkläret vnnd
bestetiget würdt.

Getruckt zü Tübingen/
1 5 6 6.

Sßaben die Heydel=
bergische Theologe abermals
ein Schrifft/deren Tittel/Be=
ftendige Antwort/rc. von der
Maiestet des Menschen Chri=
sti / vnnd seiner Gegenwertig=
keit im Heiligen Abendtmal
durch den Truck wider vns/die Würtenbergischen
Theologe/an alle Christliche/ Euangelische Leüt/
vnd Kirchen Teütscher Nation/außgebn lassen.

Wiewol wir nun nicht bedacht gewesen/vns fer=
ner (in massen auch in vnser jüngst beschehnen Er=
klärung vermeldet) in Schrifften mit ihnen weiter
einzulassen/als die vnsers erachtens/ so schrifftlich/
so mündtlich gnügsam/vñ nach aller notturfft be=
richtet/ihres irrthumbs vberwisen/vnd wie sich ge=
pürt / Christlich / vil vnnd offt erinnert vnnd ver=
manet.

Jedoch weil wir gesehen/ das sie in diser ihrer let=
sten Antwort / nit allein die aller gröbste / offenba=
re/vñ aller menigklich bekandte Vnwarheit/so jnen
mit bestendigem grund abgelainet/sich nit gescheu=
het widerumb herfür zübringen/ vñ dieselbige von
newem bestettigen wöllen / sonder auch vnser er=
klärung dahin deuten dürffen / als solten auch wir
von vnser Christlichen Bekandtnuß abgefallen/vñ
ihrem irrthumb vns genehert haben/ also / das sie
jren anhang verwehnet / als wurden wir endtlich
gantz vnd gar zü jnen tretten/vnd jhre Lehr/so dem
reinen Wort Gottes/allē Christlichen altē Lehrern

A 2   der

der Kirchen entgegen vnnd zuwider / ein beyfahl
thůn/Haben wir noch einest/vnd für das letst mal
die Christenheit berichten/ dieselbige vnserer Chri-
stliche/bestendigen/vñ in Gottes Wort gegründten
Confession.erinnern / auch meniglich vor jhrem er-
schrockenlichen jrrthumb / nach vnserm Ampt vnd
Berůff wahrnen wöllen.

Wir hetten gleichwol gehoffet/wie vermeldet/sie
wurden doch vermittelst Göttlicher Gnaden auff
die jungst durch vns beschehne Erklärung vñ erin-
nerung / souil berichts empfangen haben / das sie
jhren gefaßten jrrthumb fallen liessen/vnnd sich wi-
derumb durch Christliche Erklärung mit vns in
ein Gottselige einigkeit begeben hetten.

Wölches aber nit allein nit beschehen / sonder des
widerspils sie sich offentlich vernemen lassen / vnnd
im wenigsten so gar nicht geirret haben wöllen/das
sie wider aller rechtglaubigen Christen offenbare
Zeugnuß/noch wöllen vnnd dürffen bestreiten/ D.
Luther seliger / hab sein Lehr vnnd Bekandtnuß
vom heilige Abendtmal/vor seinem Tod widerzůf-
fen/vñ nach dem er sich dessen gescheucht offentlich
zuthůn/ solliches dem Herrn Philippo nach seinem
Tod zůuerrichten aufferlegt vnnd befolhen. Deß-
gleichen/das der Augspurgischen/Christliche Con-
fession eigendtlicher / vnnd warhafftiger verstand
Zwinglisch seye. Item / das Philippus Melan-
thon/ da er dieselbig im namen der Chur/Fürsten/
vnd Stend/auch des Luthers/ vnd seiner mituer-
wandten Theologen gestellet / von dem heiligen
Nachtmal nicht mit jhnen gehalten / sonder in sei-
nem

Die Heydelber-
gische Theologe
gar verstockt.

1.

2.

3.

nem Hertzen Zwinglisch gewesen / vnnd demnach
auch im Zwinglischen verstand ermelte Confession
geschriben habe. Deßgleichen muß auch D. Bren= **4.**
tius Zwinglisch gewesen sein/vnangesehen/das je vñ
allwegen er durch Gottes Gnad bestendigklichen
wider disen jrrthumb gelehrt/geschriben vnd gestrit=
ten. Item das D. Luther auff die Maiestet des **5.**
Menschē Christi zür Gerechtē der Krafft Gottes
allenthalben gegenwertig / kein grund seiner Lehr
gesetzt / ꝛc. haben wir / wie billich/ nit ein schlechts
befrembdens gehabt/angesehen/das nicht allein sie
in gedachtem jrrthumb verstockt / sonder auch mit
grossem ergernuß/vñ verderben/ vil Leüt mit sich
jrr machen. Dann diß alles vnd anders dergleichen
vil mehr/ so sie in disen Schrifften widerumb erho=
len/seind solche offenbare/vnd allen Christen(so nur
ein wenig wissens tragen / was sich dise jar vber in
Religions sachen begeben)bewußte/grobe vñ greif=
fliche vnwarheiten / das wir gäntzlich die fürsorg
tragen/es sey mit solchen Leüten alle müh vnd ar=
beit verloren/so man zür Lehr vnd bericht der war=
heit / jhnen gegeben / oder noch auch weitter geben
möchte.

Zü dem / das sie auff die Haubtbeweisungen/ Die Heydelber=
darauff der gantz handel beruwet/ Ob nemlich die ger antworten
Rechte Gottes ein gewiß ort im Himmel sey/dahin nichts zür
Christus nach seiner Menschheit / jhrer meinung Haubtsach.
nach / gesetzt / oder allein sein vnendtliche vnnd al=
lenthalben gegenwertige Macht vnnd Krafft / in
wölche der Mensch Christus warhafftig eingesetzt
ist / Item / Ob die rechte Gottes höher sey / dann
 A 3 Gott

Gott selber/ vnd/ Ob ein Creatur könne höher ge=
setzt werden/ dañ so sie mit Gott ein Person würdt/
wölches in Mütter leib mit der Person Christi g=e
scheben/darauff (sagen wir) haben sie nichts geant=
wortet/sonder jhrem gebrauch nach/ oben hin / vnd
für vber gelauffen/ als ob es nicht not were zúant=
worten.

Dargegen aber/ vnangesehen alle außtruckenli=
che erklärungen vnserer Christlichen Lehr von der
Person Christi/so beydes vor vnd nach dem Maul=
bronnischen Colloquio/ villfaltig in Schrifften be=
scheben/sie nicht auff hören wider vns/die Würten=
bergische Theologos/zúschreyen/von der (vns oben
grund zúgelegten) eꝛquation oder vergleichung
beider Naturen in Christo / deßgleichen auch von
den Eutychianern/ Nestorianern vnd Marcioni=
ten/als solten wir mit disen verdampten Ketzerey=
en von Christo glauben vnd halten / Naben auß
erzölten vrsachen wir ein geringe hoffnung/ das er=
melte Heydelbergische Theologen / von jhrem ein=
mal gefaßten jrrthumb werden ablassen.

Dieweil aber diser handlung wir vns nicht allein
von wegē der Heydelbergischen Theologen/sonder
auch vnnd fürnemlich der gantzen Christenheit zú
gütem vnderfangē/Derwegen vñ damit die Kirch
Gottes mit fernerm/vnd vberflüßigem Schreiben
Letste Antwort nicht bemühet/vnd einmal zwischen vns vnd jhnen
der Würtenber= an disen Streyt ein end gemachet / haben wir auff
gischen Theo= das aller kürtzest vnnd einfeltigst zum letsten mal
logen. antworten/ vnd den gantzen handel/ wie derselbig
weitleüfftig in Schrifften beyder theil getriben / in
ein

ein Sumarischen Bericht begreiffen/ vnd alßdann
hiemit die sachen dem Allmechtigen (deſſen ſie iſt)
befelhen /. vnnd die ſich der Göttlichen warheit wi=
derſetzen / nach der Lehr S. Pauli/ müſſen fahren
laſſen.

Dann erſtlich halten vnd glauben wir/ das frey=
lich niemand vnder der Augſpurgiſchē Confeſſion
verwandten/auch derſelben widerwertigen/Sten=
den vñ Theologen ſey/der nit wiſſe(deßgleichen die
Zwingliſchen:/ Schweytzeriſchen Kirchendiener
ſelbſt gern bekennen werden) das/da die Augſpur=
giſche Confeſſion geſtellet / im Articul von des **Die Augſpur-**
Herrn Nachtmal/ dieſelbig nit Zwingliſch gewe= **giſch Confeſſion**
ſen/auch fürnemlich von diſes Articuls wegen die **nit Zwingliſch.**
Kirchendiener in Schweitz/derſelbigen / biß auff
diſen tag niemals vnderſchreiben wollen.

Darbey abzůnemen / weil die Heydelbergiſche
Theologen die Augſpurgiſch Confeſſion können
mit gewalt/wider die Bekandtnuß vnnd willen der
Zwingliſchen/Zwingliſch machen / mit was grund
ſie D. Luthern außrůffen / als ſolte er ſein Lehr
von des Herrn Nachtmal widerrůffen/deßgleichen
auch/dz er kein grund auff die Maieſtet des Men=
ſchē Chriſti geſetzt/ſein Lehr von des Herrn Nacht= **Im dritten Je-**
mal zůerweiſen : So er doch diſen grundt mit auß= **niſchen Teütſchē**
getruckten worten legt/vnnd denſelbigen dermaſſen **Tomo/Anno**
außfüret/das jme den kein Zwingliſcher noch biß= **56.getruckt/fol.**
her widerlegt / vnnd in ewigkeit mit einigem grund **390.391.391.391.**
heiliger Schrifft / nicht widerlegen könden. **Item.497.**

Deßgleichen iſt jhr verſtand hierinnen zůſpüren/
das ſie des Philippi vnder der Erdē nicht verſcho=
nen/

Beſchwerlich e
außflag der Bey-
ʒelberger wider
Philippum
Melancthonem.

nen/vnd vber alles vnſer freundtlich warnen / vnd
gnůgſame erweiſung jhme ʒumeſſen dürffen/ das er
im namen der Chur/Fürſten/vnd Stend ein ander
Confeſſion geſchziben/dann er im Hertzen mit jnen
oder D. Luthern ſeligen gehalten. Dann einmal
ʒů diſer zeit / weder die Chur vnnd Fürſten/noch
derſelben Theologen / ſo die Augſpurgiſch Confeſ-
ſion haben helffen ſtellen/Zwingliſch geweſen.

Darumb ſie vil löblicher gegen dem verſtozbnen
Philippo vnder der Erden gehandelt hetten/da ſie
einfaltig angezeigt / das er von ſeiner erſten Con-
feſſion abgetretten (wañ er je Zwingliſch geſtozben
ſein ſolte) dann das ſie von jhm ſo ein bäßlich ſtuck
außgeben dürffen/als ſolte er im namen der Chur
vnd Fürſten ein anders geſchziben haben/ weder ſie
vnd jre Theologen gehalten / wölches freilich Phi-
lippo niemand bald zugetrawen / oder jhne deſſen
verdencken würdt.

Auß wölchem allen abzůnemen/was nicht allein
von der Heydelberger Bekandtnuß vnnd Lehz/
ſonder auch von jren Perſonen zůhalten/ die voz
der Chriſtenheit ſich nicht ſchewen/ſolches fürzuge-
ben/ vnd halßſtarzig zubeſtreiten / da aller menig-
klich das widerſpil offenbar iſt / Darmit ſie dann
auch zůuerſtehn geben/ vnnd nachgedenckens ma-
chen/ wie trewlich ſie beydes der alten vnnd newen
Scribenten Lehz vnd Zeugnuß anziehen/ die ſach
zům theil nicht mehz verantwozten können / weil
die lebendigen/ auch wider jhzen offenbaren willen/
müſſen diſen Leüten Zwingliſch ſein.

Souil dann die ſach an jhz ſelbſt belanget / iſt
es zwiſchen

es zwischen den Zwinglianern vnnd vns nicht al‑ Wie weit sich der handel von des Herrn Nachtmal er‑ strecke.
lein vmb des Herrn Nachtmal / sonder auch vmb
Christum den Herrn selbst / das ist / vmb sein Per‑
son / vnnd warhafftige rechte Erkandtnuß zůthůn.

Damit wir aber kurtzlich dessen grundtliche vr‑
sach anzeigen / wöllen wir jr Bekandtnuß von bey‑
den Articuln mit jren eigen worten setzen / das alle
Welt die warheit sehen / vnnd was sie auß den lan‑
gen Schrifften nicht wol mercken können / durch
disen kurtzen Bericht den gantzen handel eigendt‑
lich begreiffen möchten.

Dan erstlich von des Herrn Nachtmal / vnd der Beweisung / das die Heydelber‑ ger nicht ehren noch glaubē die Gegenwer‑ tigkeit des Leibs vnnd Blůts Christi im H. Nacht‑ mal. pag. 46.
warhafftigē Gegenwertigkeit des Leibs vñ Blůts
Christi schreiben sie in diser jrer letsten Antwort al‑
so: So bald sie (vns / die Würtenbergische / vnd alle
andere der Augspurgischen Confession Theologos
meinend) mit einigem grund der heiligen Schrifft
erweisen / das Christus wölle mit seinem Leib
an vilen oder an allen Orten sein / seind wir be‑
reit / zůuerflůchen / alle die darwider disputieren / ob
es zůthůn müglich sey ꝛc. Ist aber das nicht grob
die Gegenwertigkeit des Leibs vnd Blůts Christi
im heiligen Nachtmal gelaugnet ꞏ

Vnd das nicht jemandts gedencken möcht / sie
verwerffen allein die grobe / fleischliche / jrdische /
Capernaitische Gegenwertigkeit des Leibs vnnd
Blůts Christi / so erklären sie sich noch deutlicher
in nachuolgenden worten: Zum andern (schreiben pag. 33. 34. Die Heydel‑ berger laugnē alle Weise der
sie) zeügen freilich vnsere Bücher / vnd alle die vmb
vnser Lehr wissen / das wir nicht von einer gro‑

» ben fleischern / beinern weise reden / Sonder
» von aller weise/auff die der Leib Christi allent-
» halben soll sein/ sie sey so subtil/so Geistlich/so ü=
» bernatürlich/so vnbegreifflich/vnd himlisch / als
» sie in ewigkeit erdacht/oder speculiert werden mag.
» Vnd sagen rund vnd dürr herauß (merck Christli=
» cher Leser / auff dise wort) das ir subtile weiß / die
» sie für so ein hohe Maiestet halten / eben so wol/ als
» die grobe/fleischerne vnnd beinerne / die sie so ferne
» von sich schieben/ dem Wort Gottes widerig / vnd
» ein verkerung/ des gantzen Christlichen Glaubens
sey/ ꝛc. Eben diß würdt widerumb ettlich mal in
diser Antwort widerholet / sonderlich aber in der
71. pagina/ da sie also schreiben : Vom Capernaiti=
» schen essen / haben wir ihnen auch mehrmals ge=
» antwortet/ das sie sich vergeblich diser aufflag be=
» schweren/ dañ wir sie nicht der raumliche einschließ=
» sung / oder groben/irdischen hiessung des Fleisches
» Christi beschuldigen/sonder sagen rund vñ Teütsch/
» (merck noch einmal / Christlicher Leser der Hey=
» delberger wort) das ihre Himlische / vbernatür-
» liche/ Maiestetische / leibliche/mundtliche Nies=
» sung/oder wie sie dieselbige nennen wöllen / eben so
gut sey/vñ eben souil grund hab/ als die grobe Ca=
pernaitische/ꝛc.

Auß disen worten ist je klar vnd offenbar/das sie
auff keinerley weise glauben/die warhafftig gegen=
wertigkeit des Leibs vnnd Bluts Christi im hei=
ligen Nachtmal/ vnd vns selbst vor aller Welt ent=
schuldigen / das wir kein irdische/fleischliche/ Ca=
pernaitische

pernaitiſche Gegenwertigkeit des Leibs vñ Bluts
Chꝛiſti im heiligen Nachtmal weder glauben noch
lehꝛen.

Dargegen aber ſchꝛeiben ſie gleich das wider=
ſpil mit diſen woꝛten: Zům erſten ſagen ſie die Theo=
logen(vns Würtenbergiſche meinende) bald im an=
fang/ es ſey zwiſchen vns vnd jnen die Häuptfrag:
Ob der warhafftig Leib vnd Blůt Chꝛiſti im H.
Sacrament des Abendtmals gegenwertig ſey/ vñ
mit Brot vnd Wein / allen denen außgetheilt wer=
den/ſo ſich des heiligen Abendtmals gebꝛauchen.
Zů diſem ſagen wir/ Nein/ wie wir je vnd alle zeit
beſtendigklich vnnd mit ſattem grund geſagt/dann
wir bekennen vñ glauben/das nit ein falſcher oder
gedichter/ ſonder der warhafftig/ menſchlich/ we=
ſendtlich/ natürlich Leib vnd Blůt Chꝛiſti/ ſo auß
Maria der Jungfrawen geboꝛen/vnnd am Creütz
für vns geſtoꝛben vnd vergoſſen/ in ſeinem heiligen
Abendtmal / nicht allein warhafftig gegenwertig
iſt/ſonder auch warhafftig geeſſen vnd getrunckẽ/
vñ vns zur warhafftigen Speyß vñ Tranck des e=
wigen Lebens gegeben würdt / ohne wölche ſpeyß
vñ tranck niemands das Leben in ſich haben mag.

Pag. 35. 36.
Widerwerti=
ge Bekandt=
nuß der Hey=
delberger.

Diſe woꝛt/ſeind den voꝛgehenden aller dings ent=
gegen vnd zuwider / dann iſt ſein Leib vnnd Blůt
im heiligen Nachtmal warhafftig gegenwertig/
vnd das Abendtmal würdt auff ein ſtund in ettlich
tauſent oꝛten gehalten / ſo můß er je auff jrgendt
ein weiſe zůmal mehꝛ dann an einem oꝛt ſein/oder
diſe jhꝛe geferbte vnd pꝛächtige woꝛt / ſeind nichts
dann lauter Spiegelfechten / den vnuerſtendi=

B 2   gen//

Betrugliche vñ
irrige verglei-
chung d̓ wider-
wertige Lehr
der Heydel-
berger.
Pag.36.

gen/ damit ein nebel für die augen zumachen.
Aber laß uns/ Christlicher Leser/ hören/ wie sie
dise widerwertige Lehr mit einander vergleichen.
Dann gleich hernach sagen sie also. Das aber dises
„ (nämlich das essen unnd trincken des Leibs unnd
„ Bluts Christi)geschehe/ darzū würdt/vermög der
„ gantzen H. Schrifft/ und einhelligen Lehr und be-
„ kandtnuß der gantzen rechtglaubigen Christlichen
„ Kirchen von anbegin biß auff disen tag/keins wegs
„ nicht erfordert/ (merck lieber Christ) das der Leib
„ unnd das Blut Christi wesentlich und leiblich inn/
„ oder under/ oder bey dem Brot unnd Wein sey/ ꝛc.

Was dē Hey-
bergern heis-
se die Gegen-
wertigkeit
des Leibs vñ
Bluts Christi.
Nämlich
nichts denn
glaubē/ das
auch ohn das
Nachtmal ge-
schehē kan/ vnd
täglich geschi-
het.
Pag.56.
Christus Leib
im B. A-
bentmal
nach d̓ Hey-
delberger lehr
gegenwertig

„ Sonder diß gehört darzū / das wir das Leyden vñ
„ Blutuergiessen Christi/vñ die vergebung der Sün-
„ de/so er uns dardurch erworbē hat/mit hertzlichem
„ vertrawen annemen/ und uns zueignen/ unnd also
„ durch sein Geist seinem wahren Leib/ als die glider
„ ihrem Haupt eingeleibt/und gleichförmig gemacht
„ werden/ꝛc.
Und wie solliches zuuerstehn sey/ sagen sie noch
deutlicher/ da sie von den Glaubigen Vättern des
alten Testaments reden/ das sie auch den Leib
Christi geessen haben: Aber (sagen sie)nicht mündt-
lich oder leiblich/ sonder geistlich/ durch wahren
„ Glauben an Christum/ eben so wol als wir/ dann
„ (sagen sie weiter)eine seligkeit/und einerley Weise/
„ unnd Wege dieselbig zuempfahen gewesen ist unnd
„ bleibt/von anbegin der Welt/ biß ans End. Unnd
abermals: Im H. Abendtmal zeuget die Schrifft
„ nirgend/ das Christus zuuor oder zugleich seinen
Leib

Leib / (merck abermals / Chriftlicher Lefer) auff „ wie er dem
einige Weife hab in das Brot gebracht / oder kom: „ Adam ge=
men laffen/oder mit fambt dem Brot in feine hand „ genwertig
genommen/vnd den Jüngern vberzeicht / ift jhnen „ gewefen.
auch folliches zubeweifen biß in ewigkeit vnmüg= „ Pag. 66.
lich / ꝛc.

Auß difen worten ift je lautter vnd klar/ das fie
aller dings kein warhafftige Gegenwertigkeit des
Leibs vnnd Blüts Chrifti im heiligen Nachtmal
weder glauben noch lehren. Dañ ift Chriftus auff
keinerley weife noch weg mit feinem Leib vñ Blüt
an vilen orten/ Item ift er auff kein andere weiß ge=
genwertig / dañ wie er im alten Teftament dẽ Vät=
tern mit feinem Leib gegenwertig ift gewefen/ fo ift
er gar nicht da / dann er ift damals als die Ertz=
uätter gelebt / nach der menfchheit / noch nicht ge=
boren/vnd alfo auch damals noch kein Menfch ge=
wefen.

Vnd in fumma/fagen fie außtruckenlich/ fein ge=
genwertigkeit/vnd das effen feins Leibs/fey nichts
anders dann an Chriftum glauben / er fey da oder
nicht / dann daran fey nichts gelegen/ er fey gegen=
wertig oder nit / fo gehe es das Sacrament nichts
an / da nichts / jhrem fürgeben nach / geeffen vnd
getruncken würdt / dann allein Brot vnnd Wein/
vnnd daneben geglaubt / das Chriftus für vns ge=
ftorben ift.

Was bedarffes aber difer fcheinbaren / vñ doch
leeren worten/von der warhafftigen Gegenwertig=
keit des Leibs vnnd Blüts Chrifti im H. Nacht=

B 3   mal/

mul/ den armen vnuerſtendigen Layen darmit
jrt zumachen: Glauben ſie / das er warhafftig ge=
genwertig ſeye / warumb ſchreiben ſie dann/ er ſey
auff keinerley weiſe gegenwertig: Oder glauben
ſie / er ſey nicht gegenwertig / was ſchreiben ſie dañ
vergebenlich von ſeiner warhafftigen Gegenwer=
tigkeit: Aber das geſchicht darumb/dann ſie dürf=
fen nicht frölich/können es auch mit gutem Gewiſ=
ſen nicht ſchreiben/ was ſie glauben.

Der Widertauf
fer vñ Heydel=
berger einerley
Bekandtnuß
vom H. Nacht=
mal.

Dann wir wöllen nicht von den ſubtilen Zwin=
glianern/ſonder von den aller gröbſten Widerteuf=
fern reden/ die anderſt vom Nachtmal nicht glau=
ben noch halten / dann wie hie diſe Heydelbergiſche
Theologen reden. Aber ſie ſagen es fein deutlich
vnd klar herauß/vnd reden nicht wie diſe Leüt / die
jhre grobe mainung immer mit geferbten worten
verſchlahen/vnd zůdecken wöllen.

Der Wider=
teuffer Bekand=
nuß vom H.
Abendmal/ver=
ſtendtlich vñ nit
verſchlagen.

Die groben Widerteuffer ſagē auch wie die Hey=
delberger/das im Nachtmal nichts dann ein Brot=
brechen ſey/ vñ gebrauch des auffgeſetzten Kelchs/
vnd alſo nichts weiters vor handen/dann Brot vñ
Wein/ Darneben aber / vnd bey dem brauch diſes
gebrochnen Brots vnnd Weins / ſo werde von den
Rechtglaubigen gehalten ein widergedechtnuß(wie
ſie reden)des Leydens vnd Sterbens Chriſti/dar=
mit ſie daſſelbig jhnen durch ein rechten Glauben
zŭeignen / vnd alſo durch den heiligen Geiſt Chri=
ſto eingeleibt werden.

Diſe Leut ſagen frey herauß/ was jhnen vmbs
Hertz iſt/ vñ reden von keiner Gegenwertigkeit des
Leibs Chriſti im Nachtmal/ wie ſie auch keine hal=
ten/

ten/ ſonder ſie reden allein vom Brot vnnd Wein/
vom heiligen Geiſt/vnd jhrem Glauben/der die ge=
genwertigkeit des Leibs vnd Blůts Chriſti nichts
angehe/ dann es gelt eben gleich/er ſey geboren oder
nicht geboren/er ſey im Himmel oder auff Erden/
er ſey gegenwertig oder abweſend / ſo werd hie
nichts dann Brot geeſſen/ vnnd Wein getruncken.

Diß iſt auch der Heydelbergiſchen Glaub: A=
ber ſo grob dürffen ſie nicht allwegen reden/ ſonder
ſagen vil von der gegenwertigkeit des Leibs Chriſti
(die ſie doch auff keinerley weiſe glauben) die ein=
feltigen darmit zuuerfůren.

Das ſie aber ſagen / er ſey nicht weſentlich oder
leiblich da/das dann ſie anderſt nit verſtehn/dann/
Natürlich vnd Fleiſchlich/ iſt jhnen/ wie allen an=
dern Zwinglianern/ vil vnnd offt gnůgſam geant=
wortet/ das wir diſe wort niemals in ſollichem ver=
ſtand gebraucht haben/wie ſie es für vnd für außle=
gen / ſonder allein darmit anzeigen wöllen / er ſey
warhafftig da / Ob es gleich nicht geſchehe natür=
lich / fleiſchlich / oder der geſtalt weſendtlich/ wie
Gottes Weſen da iſt.

Vñ dz ſolches auch nichts/ dañ ein argliſtig für=
geben ſey/ iſt darbey abzunemen/dann ſie(wie hieo=
ben angezeigt) ſich lauter erkläret / das der Leib
Chriſti auff keinerley Weiſe noch Weg an vilen oder
allen orten ſeye/wie Maieſtetiſch vnd Hiñliſch die=
ſelbig jmmermehr mög gedichtet werden.

Darumb wann der Chriſtlich Leſer in der Hey=
delbergiſchen Büchern findet/ das ſie ſtreiten / der
Leib vnnd Blůt Chriſti im heiligen Nachtmal/ſey
weder

Der Heydelbe=
ger Bekandt=
nuß vom H.
Nachtmal iſt
verſchlagen.

In was ver=
ſtand die wo=
rt
(Weſendtlich
vnd Leiblich/)
gebraucht.

Wie die Heydl
berger die zwey
wörtlein (we=
ſendtlich vnd

Leiblich) ge-
brauchen.

weder wesendtlich noch leiblich gegenwzrtig / so
soll er mercken / das sie mit disen zweyen wörtlin
(Wesendtlich vnd Leiblich) alle Weise außgeschlos-
sen haben / das nämlich der Leib Christi auff kei-
nerley weise zumal an zweyen / dreyen/vilen oder al-
len orten gegenwzrtig seie.

Gleichwol seind sie so vnbstendig/ nach dem man
sie mit dem wörtlin/wesendtlich/getribē/vñ sie dem
selbigen ferner nicht widersprechen können / sagen
sie an solches jetzo auch zugebrauchen / nämlich/sa-
gen sie/ das ein wesentliche vnnd warhafftige Ge-

Pag.37. genwertigkeit des Leibs vnnd Blůts Christi im
Nachtmal sey.Darmit sie doch anders nichts mei-
nen (in massen sie sich selbst erklären) dann das der
Glaub / vnnd der heilig Geist gegenwertig seyen/
Ibidem. wie auß diser jhrer letsten Schrifft klärlich zusehen.
Darbey abzunemen/das dise Leüt sich befleissigen/
vast durchauß mit vnsern worten zureden / darun-
der sie doch jhren jrrthumb behalten / vnnd den ge-
meinen Man dardurch betrůgen/ als glaubten sie
mit vns einware gegenwertigkeit/ des Leibs vnnd
Blůts Christi im Nachtmal/ von wölcher sie doch
im grund nichts halten.

Falsche Lehr der
Heydelberger
von der gegen-
wertigkeit des
Leibs Christi
im H. Nacht-
mal.
Nach der Hey-
delberger Lehr

Das sie aber sagen/wir werden durch den Glau-
ben vnd heiligen Geist dem Leib Christi eingeleibt/
dañ der heilig Geist / der in Christo ist im Himmel/
derselbig sey auch in vns auff Erden / der Gestalt
Christus allein mit seinem Leib gegenwertig sey/
im Nachtmal. Sollicher gestalt wirdt auch im
heiligen Nachtmal Helie des Propheten Leib vnd
Blůt gegenwertig sein. Dann der H. Geist/der in
vns

vns i st auff Erden/ der ist auch im Propheten Hes
liai in Himmel/ vnd weil er auch ein theil des geist=
lich en Leibs Christi ist / so werden wir auch jhm/
als einem Mitglid / so wol eingeleibt/ als dem Leib
Christi / der vnser Haupt ist. Wie ein vngereimbte
meinung aber das sey/ lassen wir den Christli=
chen Leser richten.

kein vnder=
scheit zwischen
der gegenwer=
tigkeit des
Leibs Christi vñ
S. Peters
Leibe.

Es schreibt der alt Lehrer Jreneus / wie gar
dunckel die Rätzer zů seiner zeit geredt haben/
offter mals auch einerley vnnd gleichlautende wort
mit den rechtglaubigen Lehrern gebraucht / vnnd
doch jhre Rätzerey darunder behalten/ der vrsachē
er auch sagt: Der Rätzer meinung bloß vnd deut=
lich allein anzeigen/ sey gnůg zur widerlegung/ Dañ
so bald man nur eigentlich wisse / was sie glauben
vnd halten/ so haben die rechtglaubigen ein abschei=
wen darab.

Die Rätzerredē
verschlagenmit
der Kirchen
Gottes.

Hæreticorum
opiniones pro=
ducere, est re=
futare.

Eben also pfleget es auch vns mit den newen
Zwinglianern zugehn/ dañ Zwinglius(wie D. Lu=
ther schreibet)ist ein grober Zimmerman gewesen/
vnd hat grobe Speen gehawen/ danner hat grob/
deutlich / vnd aller Welt verstendtlig sein meinung
dargethon/ vnd gesagt: Das Brot im Nachtmal
bedeut allein den abwesenden Leib Christi / so bald
nun die rechtglaubigen solches verstanden/ haben
sie/ wie billich/ ab diser Lehr/ als die ein offentliche
verfälschung vnd verkerung der wort Christi ist/ein
abscheiwen gehabt/ vnnd sie geflohen.

Zwingliß Lehr
ist grob vnd nit
verschlagen.

Da diß die andern Zwinglianer gemerckt/ haben
sie nit mehr vil gesagt von der bedeutung des Leibs
Christi/ im H. Nachtmal/ vnangesehen / das sie
nichts

Die subtilen
Zwinglianer
dürffen nicht
mehr: so grob

C

reden wie der Zwinglius gerdt hat.

Pag. 38.

nichts anders geglaubt haben/in maſſen dañ auch die Heydelberger ſolcher groben Reden nicht mehr ſich gebrauchen/ſonder faben an gar prächtig ſchreiben von der warhafftigen/vnd/das noch mehr iſt/weſendtlichen Gegenwertigkeit des Leibs vnnd Blûts Chriſti im heiligen Nachtmal/vnnd haben darmit die ſachen jhres verhoffens dahin gebracht/das die Augſpurgiſch Confeſſion allerdings jhrer meinung ſeye/vnnd D. Luther/auch die es mit jm haltẽ/gar nicht der Augſpurgiſchen Confeſſion ſein ſollen: Es kônde auch ſein Lehr von des Herren Nachtmal in der Augſpurgiſchẽ Confeſſion nit gezeigt werden/noch bey vñ nebẽ derſelbigẽ beſtehn.

Wôllen derhalben allen vernünfftigen vñ rechtglaubigen Chriſten zuerkennen geben/warfür diſer Geiſt zuhalten/der zů beſchônung ſeiner meinung/ſollich ding ohn ſchew fürgeben darff/da aller mengilichen das widerſpil offenbar iſt. Dann wer jhn bey diſer groben arbeit nicht will kennen lernen/wiſſen wir nicht/was demſelben môcht weitters zur erinnerung geprediget oder geſchriben werden.

Vrſprung des verdampten jrrthumbs der Zwinglianer vom heiligen Nachtmal.

Grobe phantaſeyen der Zwinglianer/von der perſonlichen

Diſer ſchâdlicher vnnd verdambter jrrthumb kompt vrſprungklich daher/das ſie Chriſtum nicht recht kennen/wôlcher geſtalt in jm die Gôttlich vñ Menſchlich Natur miteinander perſonlich vereinigt ſeyen.

Dann es will jhnen jhr gleichnuß nicht auß dem Kopff/die ſie geben haben von Antorff vnnd dem hohen Meer/Vnd ob ſie wol mit worten fürgeben/ſie bilden jhnen Gott nicht für/als ein groß weit außgeſpannen weſen/wie das weit Meer iſt/an dem

dem die Menschheit/wie Antorff am Meer klebe/
(dann sie sollen billich wissen/ das Gott nicht ein
leiblich Wesen/sonder ein Geist ist/vnnd der gestalt
nicht kan außgespannen werden) noch dannoch
geben sie mit aller jhrer erklärung zuuerstehn/ das
sie von dem Wesen Gottes nicht recht weder glau=
ben noch halten/ vnnd der vrsach auch nicht recht
von der persönlichen vereinigung beyder naturen in
Christo lehren können/ wie dann jhres Glaubens
genossen eben durch dergleichen Exempel vnd bild=
nussen diß Geheimnuß vnrecht erklärt habe:Näm=
lich wie der Stam oder Wurtzel vnd die Nöst/ ein
Baum sein/ oder wie das Haupt vñ die Glider ein
Leib sein/ in eim Wesen/ vnd doch die Nöst nicht
sein/da der Stam ist/auch das Haupt nicht in den
Füssen oder andern Glidern stecket: Deßgleichen
auch/ wie ein jeder Himlischer Planet in seinem
Circkel sey/darinnen er laufft oder bewegt würdt/
das wo der Planet ist/ da ist sein Circkel/ ob gleich
der Circkel grösser ist/vnd sich weiter erstreckt/dañ
der Planet: Also sey auch die Menschheit nirgend/
wo sie ist/ohn die Gottheit: Die Gottheit aber er=
strecke sich weiter dann die Menschheit/ vnnd wie
sie sich jetzt deutlich erklären/so handle die Gottheit
ausserhalb vnnd ohn die Menschheit mit vns auff
Erden/im Himmel aber allein durch vnnd mit der
Menschheit/an dem ort/ da sein Menschheit ist.

Auff dise gefaßte meinung vnnd grobe einbil=
dung von der persönlichen Vereinigung beyder
Naturen in Christo/ schreiben sie: die Menschheit
in Christo sey weder wesendtlich noch persönlich/

vereinigung
beyder Naturn
in Christo.

Grobe vngeschi
ckte/vnnd nicht
werde Gleich-
nußen d Zwin-
glianer.

Nota erschreck=
liche Leer der
Heydelberger
von Christo.

C 2   weder

weder nach der poſſeß / noch nach dem brauch der
Maieſtet an vilen oder allen orten/ vnd ſollen dem-
nach ſolche reden in die Chriſtenheit (wie ſie vermei-
nen) keins Wegs/ eingefürt werden.

Dañ perſonlich allenthalben ſein / ſey nicht ſouil/
als mit der Subſtantz vnnd Weſen Menſchlicher
Natur allenthalben ſein/ oder ſein können / ſonder
heiſt/ ihrer meinung nach / ſouil / das diſe Perſon/
wölche Menſch iſt/ allenthalben ſey/ ob ſie gleich diß
auff keinerley weiß oder weg / nach ihrer Menſch-
heit iſt.

Pag. 46.

Noch gröber reden ſie an eim andern ort: Zum
„ andern (ſprechen ſie) das in der gantzē Schrifft nir-
„ gend zufinden / das Chriſtus ſein Menſchheit vor
„ oder nach der Aufferſtehung/ Allmechtig vñ allent-
„ halben gegenwertig machen (merck lieber Chriſt)
„ vñ alle Würckungen ſeiner Gottheit / durch die
„ Menſchlich üben vnd volbringen gewölt habe.
„ Vnnd gleich hernach ſchreiben ſie alſo: Dann das
„ ſie (die Würtenbergiſchen) fürwenden / er erzeige
„ ſie (die allenthalbenheit) durch ſeine Würckungē an

Nota/offent
liche tren-
nũg der per-
ſon Chriſti.

„ allen orten/ darauff iſt Antwort / das die Gottheit
„ Chriſti/ ihre eigne Würckungen zuüben/ die Al-
„ lenthalbenheit der verklärten Menſchheit eben ſo
„ wenig bedarff/ oder braucht/ als der vnerklärten.

Nota aber-
mals die
perſon ge-
trennet.

„ Vnd abermals: Dañ ob gleich Chriſtus nach ſeiner
„ Menſchheit nicht alles würcket/ was er nach
„ ſeiner Gottheit thůt/ ſo iſt dannoch darumb die
„ Menſchliche Natur nicht müſſig / noch ohn ihre
„ würckung. Vnd abermals: das Chriſtus durch die

Krafft

Krafft Göttlicher vnnd Menschlicher Natur zu= «
gleich in allen Creaturn außrichte/was Gott durch «
ein erschaffne Natur zuwürcken vnnd zuthůn «
gefallen / vnnd durch Krafft seiner Gottheit/ « *Pag. 80.*
was derselben allein/vnd keiner erschaffnen Na= «
tur zusteht. An eim andern ort schreiben sie / wie *Nota abermals*
man sagen möge/ das ein Fůß des Menschen/auch *die person Chri=*
etwas verstehe/darum̃ das er ein theil ist des Men= *sti getrennet.*
schen / wölcher versteht / eben also vnd der gestalt *Nota*
mög man auch von Christo sagen/das die Mensch=
heit Christi allenthalben sey / dann sie sey ein stuck
der Person/Nämlich/ des Sons Gottes/wölcher
allenthalben ist / aber allein nach seiner Gottheit/
vnnd auff keinerley Weise vnd Weg/wie die immer
gedacht werden möge/nach seiner Menschheit.

Auß wölchem allē erscheinet/was die Heydelber=
ger von Christo haltē/vñ mit außtruckenlichē wor=
ten zwen Christus machen/in dem sie ledigklich/vnd
mit runden worten/ die beschreibung der Persönli=
chen vereinigung beyder Naturen in Christo (in
massen / die von vns auß der heiligen Schrifft ge=
setzt) widersprechen / vnd bekennen / das der Son
Gottes auch nach seiner Aufferstehung / Himmel=
fart vnnd sitzen zur Gerechten der Allmechtigen
Krafft Gottes/nicht alles durch disen Menschen
handle/sonder allein ettliche Stuck / die jhm gefal=
len/die andern aber würcke er ohn die Menschheit:
Vnd also anderst von dem Menschen Christo vñ
seinem Regiment nicht halten/dann wie Epicurus
von seinem Gott geschriben / der auch im Himmel
nicht mussig gehe / aber auff Erden mit den Men=

C 3 schen

schen nichts zuschaffen noch zuthůn habe.

So vrtheil nun die gantz Christenheit/weil sie offentlich die würckungen beyder Naturen in Christo trennen / vnd frey bekennen/jha auch halßstarrig bestreiten / das die Gottheit vil würcke / nicht durch / sonder ohne die Menschheit / ob sie nicht offentlich zwen Christus machen / in dem einen würcket/jhrer Lehr vnnd fürgeben nach/ Gott vnd Mensch miteinander / in dem andern würcket allein die Gottheit/ ohn die Menschheit / wider den außgetruckten/klaren spruch Christi: Mir ist geben aller Gewalt im Himmel vnd auff Erden.

Die Heydelbergische Theologē seind offentliche Nestorianer.

Dise Lehr von Christo verwerffen vnd verdammen wir als Kätzerisch / der heiligen / Göttlichen Schrifft / vnd vnserm Christlichen Glauben zuwider/da wir bekeñen/dz Christus nach der Menschheit sey zů der Gerechten der Allmechtigen Krafft vnnd Maiestet Gottes gesetzt/ nicht zů einem stuck derselben / das Gott nur ettliche ding durch dieselbige würcket/wie er auch in vñ durch andere heiligē nur etliche ding stuckswerck handelt vnd würcket/ sonder zů der gantze völligē Krafft vñ Maiestet gesetzt/dz Christus nach der menscheit mit dem Son Gottes alle würckungen gemein hat/ vnd der Son Gottes nichts thůt noch handelt / das er nit durch vnd mit disem Menschen handelt/ dann ist jhm als eim Menschen gegeben aller gewalt im Himmel vñ auff Erden/so würdt diser gewalt sich nirgend ohn disen Menschen. Christum erzeigen / in wölchen gewalt er völlig vnd nicht allein zů eim theil derselben eingesetzt ist / wie dann hernach an seinem ort in di-

Vnser Christliche Bekanndtnuß von dem gantzen Christo.

ser

ſer Schrifft weitleüfftiger Bericht volgen würdt.

So verhoffen wir auch / es ſoll meniglich gnüg= Die Heydelber-
ſam auß vnſerer jüngſt beſchehnen erklärung ge= ger behelffen
merckt haben/wie vngüttlich wider alle vnſern Be= ſich allein mit
richt / die Heydelberger wider vns ſchreiben / das
die Menſchlich Natur/der Göttlichen Natur nit
durchauß gleich ſey/weder an dem Weſen / noch an
den Würckungen/vnd das ſolche vergleichung nicht
ſey die perſonlich Vereinigung beyder Naturn in
Chriſto. Darmit ſie nichts anders ſüchen/dann vns
bey meniglichen verhaßt zumachen/ als ſolten wir
ſo grobe dölpel ſein / vnnd nicht verſtehn / das ein
groſſer / mercklicher vnderſcheid zwiſchen beyden
Naturen der Göttlichen vnd Menſchlichen/ auch
derſelben weſentlichen eigenſchafften vnd würckun=
gen ſeien/darmit ſie ſich vnderſtehn dem einfeltigē/
Chriſtlichē Leſer ein geplerr für die augē zumachen/
das er nicht achtung gebe auff die Hauptſach/da=
rumb es alles zuthün iſt.

Dañ in vnſer letſten erklärung/ haben wir vnſer
Lehr hieruon/ſo deutlich vñ lauter dargethon/das
ein jeder auch einfaltiger Chriſt/ſolliches verſtehn/
vnd darauff mercken könden / das die Heydelber=
ger ſich der offenbaren warheit (ſo jhnen vnder die
Augen ſcheinet / vnd ſie nicht laugnen können) wiſ=
ſendtlich widerſetzen / vnnd jhre zuhörer mutwillig
hinder das Liecht füren.

Wir haben geſagt vnd geſchriben/glauben/lehren Deutliche/ ein-
vnnd ſchreiben es noch/ das ein groſſe vngleichheit falrige erklä
ſey/zwiſchen der Göttlichen vñ Menſchlichen Na= rung von der
tur in Chriſto/ vnd bleib ewigklich / nicht allein/ſo= der Naturen/
uil

jren eigenschaf-
ten vñ wirckun-
gen in Christo.

Was die Wür-
tenbergischen
durch die gleich-
heit beyder Na-
turen in Christo
verstanden.

Von der Gleich-
nuß des Leibs
vñ der Seelen.

uil das Wesen belanget / sonder auch in derselben
wesentlichen eigenschafften vnd wirckungen / vnnd
solche so groß / so grosser vnderscheid ist vnnd bleibt
zwischen dem Schöpffer vñ der Creatur. Was kan
oder mag doch deutlicher gesagt werden? Vnd ha-
ben die gleichheit anderst nie geglaubt / daruon sie
für vnnd für schreyen / dann von der gleichheit / da
Christus nach seiner Menschheit sitzt zur Gerechtē
der allmechtigen Krafft Gottes / vñ disen Gewalt
auch als ein Mensch hat / das er mit Gott person-
lich gegenwertig alles regiert vnnd verwaltet / vnnd
Gott ohn disen Menschen nichts handelt / den er
neben sich / in sein Regiment gesetzt hat.

Die gleichnuß des Leibs vñ der Seel haben nit
wir / sonder sie / die Heydelberger vnnd Zwinglianer
auf die Ban gebracht (dardurch sie angezeigt / dz der
Son Gottes hab jhm die angenommene Mensch-
heit eigen gemacht / als sein eignen Leib / wie in jrem
Gegenbericht durchauß zusehen. Jetzt aber / da sie
mit jhrem eigen Schwert geschlagen / dringen sie nit
mehr also auff dise Gleichnuß wie zuuor / sonder an
statt derselbigen reden sie also: Die Menschheit sey
ein stuck oder theil der Person Christi. Vnd haben
sie also / wie das gantz Protocoll zeuget / mit diser
gleichnuß vil / wir aber gar nichts erweisen wöllen.
Dann wie im Protocoll vil vnd offt gesagt / solliche
Gleichnuß diß Geheimnuß beim weyten nit erlan-
gen mag / angesehen / das der Leib des Menschen
also geschaffen / das er für sich selbst nichts versteht
noch thut / vnnd also der Menschlichen Natur in
Christo seer vngleich / die mit Verstand / Weißheit
vnd

vnd Krafft vber alle Creaturen auch in jhrem Wesen (doch nit ausserhalb der Person des Sons Gottes/daß sie für sich selbs vñ abgesondert kein Person gewesen) geziert ist / Jedoch würdt dardurch
gar fein ettlicher massen erklärt / wie Gott vnnd
Mensch in Christo gemeine vnd vngetrennte oder
vnabgesonderte Würckungē haben/dergleichē sonst
in keiner Creatur kan angezeigt noch erklärt werden / darumb auch die liebe Vätter die Personlichen vereinigung beyder Naturen in Christo durch
dise Gleichnuß erkläre vnd beschriben haben.

Das aber die Heydelberger darauß schliessen / es
were der Göttliché Natur schmehlich/wañ sie solte
alles durch die Menschheit würcken / wie die Seel
durch den Leib / also das die Göttlich nichts solt
verstehn noch wissen / es wurde jr dann durch die
angenommene Menschheit kund gethon vnnd gezeigt / wie der menschlichen Seel / weil sie in dem
Leib ist/ durch die eüsserliche vñ innerliche Sinne/
ec. Das ist nichts / weder ein böser mutwill / vnnd
wissentliche verkerung vnserer wort.

Dann wir außtruckenlich angezeigt / das die
Gottheit nit der gestalt würcke durch die Menschheit wie die Seel durch den Leib/auß vrsachen/daß
das sey ein vnuolkomenheit der Seelen/das sie ohn
den Leib jr würckung in disem Leben / nicht volkommen haben könne / darumb die vereinigung
der Seelen vnnd des Leibs ein wesendtliche vereinigung seye/da ein theil on das ander seine würckungen nicht volkommen habē könne/Die vereinigung
aber beyder Naturen in Christo / ist nicht ein we

Der Heydelber
ger wissendtliche vñ mutwillige verkerung
vnserer wort.
Pag. 88.

In der Erklärung.
Pag. 23.

D   sendtliche/

ſendtliche / ſonder ein perſonliche verrinigung/das
durch der Göttlichen Natur in jhrem weſen oder
würckungen (die für ſich ſelbſt ohn die angenommene
Menſchheit von ewigkeit her ein Perſon geweſen
iſt) nichts weder zů noch abgeht / ſonder das ſie der
Menſchlichē Natur geben habe/nicht allein Weiß-
heit/Krafft vnd Stercke in jhrem Weſen vber alle
Creatur / ſonder auch durch die perſonliche vereini-
gung diſe Maieſtet / das Chꝛiſtus auch nach der
Menſcheit wol nit iſt weſendtlich die Gerechte Got-
tes werden / ſitzt aber zů derſelben / nicht zum hal-
ben oder dꝛitten theil / das er ein gemeſſens hette/
wie jhm die Heydelberger vnd Zwinglianer (nicht
allein on alle/ſonder auch wider vil offenbare Zeug-
nuß der Schꝛifft / die bezeuget / das er den Geiſt
nicht mit maß/auch nicht nur ettlichen/ ſonder alle/
allen Gewalt empfangen hab im Hymmel vnd auff
Erdē) darmeſſen/nämlich das der Son Gottes nit
alles/ſonder allein / was einer erſchaffnen Creatur
gebürt / durch die Menſchheit würcke / wieuil aber
deſſelben ſeye / zeigen ſie nicht an. Sonder er ſitzt
zů der gantzen / völligen/ vnzertheilten Gerechten/
der allmechtigen Krafft Gottes / das dieſelbig
Krafft an keinem End vnd oꝛt on jn nichts thůt/
ſonder durch jhn vnnd mit jhm alles thůt vnd würc-
cket / oder Chꝛiſtus nach ſeiner Menſchheit ſitzt nit
zur Gerechten Gottes/vnnd müſſte alſo vnſer Chꝛi-
ſtlicher Glaub falſch ſein/den wir täglich von Chꝛi-
ſto bekennen.

Darumb ſo regiert Chꝛiſtus nach der Menſchheit
zur Gerechten Gottes alle ding/nit der geſtalt / als
ſolte

Was der Son
Gottes in ſeiner
Perſon der
Menſchlichen
angenommenen
Natur gegeben.

Joh.3.
Matth.28.
Pſal.8.

folte der Son Gottes für sich selbst nit starck gnüg
sein/oder etwas von der Menschheit aller erst lehr=
ren/das er zuuor nit gewißt hette: Sonder das wi=
derspil ist war / das nämlich Gott nichts bedürffe/
aber der Mensch hab alles von Gott/sein Mensch=
heit aber gibt Gott weder verstand noch gewalt/
sonder empfahet allen verstand/ allen Gewalt von
Gott / das er mit Gott alles weißt/ alles würcket/
alles handelt / unnd ohn jhn nichts gehandelt
würdt.

   Derhalben so bleibt die Lehr von der Maiestet
des Menschē Christi an allen enden uñ orten gegen=
wertig / so lang vest unnd bestendig / so lang unnd
vest der Articul unsers Christlichen Glaubens be=
steht / da wir bekennen/das er nach seiner Mensch=
heit gesetzt sey zu der Gerechten der Allmechtigen
onendtlichen/ allenthalben gegenwertigen Krafft
ond Maiestet Gottes / die kein gewiß ort ist / auch
nicht an eim gewissen ort / sonder an allen Enden
unnd orten/ Vnnd die Heydelberger sambt allen
Zwinglianern in ewigkeit nimmer mehr erweisen
werden/ das solliche rechte Gottes ein gewisser ort
im Himmel sey / dahin sie Christum nach seiner
Menschheit allein setzen/ unnd also offendtlich jhn
von der warhafftigen Gerechten Gottes / daruon
die heilig Schrifft unnd unser Christlicher Glaub
zeugen / mit der that (souil an jhnen ist) abse=
tzen.

   Vnnd ist sonderlich an sie zuuerwundern/ das sie
schreiben/die allenthalbenheit des Leibs Christi sey
kein stuck der Maiestet Christi (dann also gut

Die Lehr von
der Maiestet
des Menschen
Christi vest ond
bestendig.

Psal. 110.

Ob allenthal=
ben gegenwer=
tig sein ein
stuck der Ma=
iestet des

               D 2   Teütsch

Pag. 40.

Menschen
Christi seye

Teütsch reden die Zwinglianer/ das sie niemand
verstehn kan / oder mit sollichen vngereimbten vn=
teütschen worten wöllen sie vns verhasset machen)
Vnd ist jr meinung dise: Christus hab nach seiner
Menscheit nit empfange einigerley weise noch weg/
das er mit Gott an allen orten gegenwertig sey / es
gebüre auch nicht zü seiner Maiestet. Das mag a=
ber wol ein grober Vnuerstand/vñ ein grobe Theo=
logia sein

Beweisung der
Gegenwertig=
keit des gantzen
Christi / vnd nit
allein nach der
Gottheit/an al=
len orten.

Dann es sagt einmal Christus/ Jch bin bey euch
biß zum End der Welt. Diser gantz Christus ist bey
seinen Aposteln nicht allein/ dä sie zü Jerusalem in
eim Gemach beyeinander / sonder auch da sie zer=
strewet waren/einer in Aphrica/der ander in Asia/
der dritt in Europa/vnnd also auch mit allen Chri=
sten in der gantzen Welt/ vñ mit eim jede in sonder=
heit ist der gantz/ vnd nicht der halb Christus/nicht
nach seiner Gottheit allein/sonder auch nach seiner
Menschheit/nach der Gottheit wesendtlich/dañ es

Wie Christus
nicht allein nach
seiner Gottheit/
sonder auch
nach seiner
Menschheit al=
lenthalben ge=
genwertig sey.

ist die Gottheit in jr selbst / vnnd in jrem Wesen vn=
endtlich / nach seiner Menschheit aber personlich/
dann die Menschheit ist vnd bleibt in jhrem Wesen
ein Creatur/ vnnd hat solliches nit für sich selbst/
sonder personlich auß der vereinigung mit dem
Son Gottes/ auff weise vnd weg/ die menschlicher
Vernunfft vnbegreifflich/ vñ allein mit dem Glau=
ben kan gefasset vnd begriffen werden: Aber bey=
des warhafftig vnnd mit der that/ vnnd nicht al=
lein mit leeren worten/ sonder warhafftig / wiewol
es nach der Menschheit auff ein andere weise zü=
geht/ dann nach der Gottheit / wie dann auch ein
anders

anders ist/die Rechte Gottes/ vnd ein anders/das
sitzen zur Gerechten Gottes: In Christo aber bey=
des beyeinander/ vnnd die Rechte Gottes nirgend
gezeigt werden kan / das Christus nach seiner
Menschheit nit auch daselbsten zur Gerechtē Got=
tes sesse.

Darbey abzunemen / das die Heydelberger die
Maiestet vnsers Herrn Christi zū der Allmechtigē/
vnendtlichen vnd allenthalben gegenwertigen Ge=
rechten Gottes eintweder gar nit wissen/oder nicht
wissen wöllen / in dem sie jhm absprechen/das vns
Menschen am aller tröstlichsten ist. Nämlich / das
Christus vnser Herr vnnd Bruder (wie die heilig
Schrifft bezeuget) auch als ein Mensch/ nach der
Maiestet/wie er gesetzt ist zur Gerechtē der Krafft
Gottes / alle vnsere not wisse / sehe/ höre/ bey vns
sey/sich vnser anneme / vnd in keinen nötten wölle
verlassen.

In summa/sie bekennen lauter vnd klar/das die
Menschheit in Christo anderer gestalt nicht all=
wissend/allmechtig/ vnnd allenhalben gegenwertig
sey/dañ wie die Gottheit gestorben/ oder eins Men=
schen fuß vernünfftig worden sey/wölches souil als
nichts ist. Dann die Gottheit / wie droben ange=
zeigt / hat von der Menschheit nichts empfangen/
dieweil sie die volkommenheit selbst ist vnd vnwan=
delbar/ deren nichts abgebrochen noch gegebē wer=
den mag. Die Menschlich Natur aber ist in jhrem
Wesen also geschaffen/das sie nit allein vil von Gott
empfangen kan/sonder sie hat alles empfangen / ist
in alle vnd völlige Maiestet Gottes der Gestalt ein=

D 3 gesetzt

Die Heydelber=
ger sprechen
Christo sein Ma=
iestet/vnd vns
Menschen vn=
sern höchsten
Trost ab.

Pag. 45.
Abschewliche
reden der Hey=
delberger von
dem Menschen
Christo.
Grosser vnder=
scheid zwischen
disen beyden re=
den: Die Gott=
heit ist gestorbē:
vñ/die Mensch=
heit ist allmech=
tig worden.

tingeſetzt worden / vnnd alſo empfangen / das ſie
nach jhrem Weſen nicht iſt. Nämlich / das Gott
mit vnnd durch diſe angenommene Menſchheit
alles handeln / vnd von derſelben ſein Werck nicht
will abgeſondert haben.

Argliſtige auß-
flucht der Hey-
delberger. Darumb iſt es nichts / dann ein nichtige geſüchte
außflucht / wann ſie ſagen : Der Menſch Chriſtus
ſey Allmechtig vnnd allenthalben / aber nicht ſein
Menſchheit. Dann wir reden von der Menſchheit
Chriſti nicht für ſich ſelbſt in jhrem Weſen / das ſie
dann woll wiſſen / ſonder der geſtalt oder auff die
weiſe / wie ſie mit Gottes Son ein Perſon iſt. Vnd
ſagen noch / wie vor / das bey allen rechtglaubigen
vnd verſtendigen / einerley reden vnd meinung ſey /
vnnd gleich gelt / man ſag : Der Menſch Chriſtus
iſt allenthalben gegenwertig / oder : Chriſtus nach
ſeiner menſchheit iſt allenthalbē / oder : Die Menſch-
heit in Chriſto iſt auch allenthalben. Dardurch ver-
ſtanden würdt / das Chriſtus nicht allein nach ſei-
ner Gottheit weſendtlich vnnd perſonlich / ſonder
auch nach ſeiner menſchheit / aber nicht auff die wei-
ſe / wie die Gottheit / ſonder perſonlich der geſtalt al-
lenthalben gegenwertig ſeye / nämlich / auff die wei-
ſe / ſo jhm die perſonlich vereinigung nicht mit
leeren worten / ſonder warhafftig vnnd mit der
that geben hat / das Gottes Son nichts ohn jhn /
ſonder alles durch jhn vnnd mit jhm handlen
will.

Pag. 23. 24.
Warumb wir
mit fleiß vn- Sie ziehen auch an / als ein vnbeſtendigkeit / das
wir allwegen auff das / allenthalben ſein / getrun-
gen haben : Im Colloquio zů Maulbronn aber
nicht

nicht auff das / allenthalben sein / sonder / allent-
halben könde sein / das Christus nach der Mensch-
heit könne Allmechtig vnnd allenthalben sein /
vnnd alles wissen / ob ers gleich nicht allwegen
seye.

Darauff ist jnen auch vil vnd offt geantwortet /
das solliches auff jr argliftige fürgeworffne frag
geschehen / da sie gefragt: Ob nämlich Christus
nach seiner Menschheit in Mütter leib allenthalbē
gewesen sey / oder nicht: Da jhnen auff das allers
deutlichest angezeigt vnnd erkläret worden / das
Christus im Stand der nidrigung anderst anzusee
hen / dann im stand seiner Erhöhung. Dann ob
wol der Mensch Christus in Mütter leib / in seiner
geburt vnd in seiner schwachheit/auch in der gestalt
Gottes gewesen / vnnd demnach nicht höher hette
gesetzt worden können/ es sey dann etwas höhers
dann Gott / vnnd es könde dann ein Creatur
höher gesetzt werden / dann das sie mit Gott ein
Person würdt / (darauff die Heydelberger nicht
können noch wöllen antworten / dann diß Nüßlin
ist jhnen zu hart/vnd werden es nimmermehr auff-
beissen)so hat er doch sich diser Maiestet/die er war-
hafftig gehabt / nicht allwegen gebraucht/ (dann
nach der Aufferstehung ist er mit Gott nicht ne-
ber verbunden gewesen / als in seiner geburt) son-
der sich derselben geeussert/vnnd wie Sant Pau-
lus sagt / hat er sich außgelehret / das dann die
Gottheit nicht thun kan / dann sie ist vnwandel-
bar / vnnd kan sich selbst nicht außlehren / Aber
nach der Menschheit hat er sich dermassen könden
  außlehren/

derscheidē/zwischen/allenthalben sein / vnd: können allenthalben sein.

außlebten/vnnd hat sich auch warhafftig vnnd mit
der that außgelebret / das er da ligt in der krippen/
wie ein anders Kind / vnnd nach der Menschheit
weißt er eben so wenig als ein ander Kind / der es
doch alles / wo er gewölt/ auch als ein Mensch het
wissen können.

Darumb haben wir bestendigklich im Colloquio
zů Maulbron gesagt/sagen es auch noch/ das Chri=
stus nach der Menschheit dise Maiestet im Stand
seiner Nideigung warhafftig gehabt / vnnd also in
der Possess der Allmechtigen Krafft Gottes gewe=
sen/vnd da er gewölt dieselbigen erzeigen/ sie nit erst
vber Feld hette dürffen holen / sonder aller nächst
bey sich gehabt: Aber er hab sich derselben geeüssert/
also das er in der Wülsten auß den Steinen nicht
Brot gemachet / dann er ware damals nach der
Menschheit außgelebret / vnd doch die Person nit
getrennet: Zůn zeiten aber/ habe er dise Maiestet
gebraucht vnnd erzeigt / als da er zwölff jar alt mit
den Gelehrten disputiret / da nicht die Gottheit der
gestalt durch Christum geredt / das Christus nach
der Menschheit nichts daruon verstanden hette/
wie Balaams Esel / durch wölchen der Engel ge=
redt hat/sonder der Mensch hats auch verstanden/
vnd der Mensch / diß zwölffjärig Kind / hat mit
den Gelehrten disputirt/ vnd diß Kind hat die Ge=
lehrten vberwunden. Deßgleichen hat er auch sein
Maiestet erzeigt durch seine Wunderwerck/wölche
er wol auß Krafft seiner Gottheit/ aber nicht al=
lein nach seiner Gottheit/ sonder auch nach seiner
Menschheit gethon hat. Nämlich der gantz Chri=
stus

ſtus Gott vnd Menſch. Er hat ſie auch gebraucht
im erſten Abendtmal / da er ſeinen Jüngern ſein
Leib zueſſen/ vñ ſein Blůt im heiligen Sacrament
warhafftig zutrincken gegeben hat/ Dañ dieweil er
damals ſchon(ſouil die Poſſeßion belanget)zur Ge-
rechten der Allmechtigen Krafft Gottes geſetzt ge-
weſen/ hat er jhnen ſeinen Leib vnd Blůt / vermög
ſeiner Verheiſſung/ wol geben können / dann da er
ſeinen Jüngern die Füſſe waſchen wolt(welches der
allergröſten erniderigung eine geweſen) meldet dan-
noch Johannes der Euangeliſt / das Chriſtus ge-   Joh. 13.
wußt/ das jme der Vatter alles in ſeine Hånd gege-
ben hatte.

Wir aber reden in diſem handel von der Maie-
ſtet Chriſti nun nicht mehr in dem Stand der Er-
nidrigung/ ſonder vom ſtand der Erhöhung/ da er
nun nicht allein hat / ſonder auch jmmer vnnd ohn
alles auffhören biß an den Jüngſten tag diſe Ma-
ieſtet allenthalben gebraucht / vnd alle ſchwachheit
hingelegt hat. Darumb haben wir auch nicht ge-
ſagt/ das Chriſtus nach ſeiner Menſchheit könne al-
lenthalben ſein/ ſonder er ſey allenthalben warhaff-   Chriſtus ſo wol
tig / nicht weniger bey den Gottloſen/deren Råth   bey den Gottlo-
vnd anſchlåg er ſihet vñ hindert/als bey den Gott-   ſen/ als bey den
ſeligen vond frommen/die er mit ſeiner Gnad regie-   frommen ge-
ret. Vnnd haben alſo wir vnſer Lehr noch nicht ge-   genwertig.
endert/wie vns die Heydelberger ſchuld geben.

Da nun die Heydelberger mit jhrer vernünffti-
gen Frag dahaim blibē weren/ob Chriſtus in Můt-
ter leib auch nach ſeiner Menſchheit allenthalbē ſcie
geweſen (dardurch ſie verhoffet/ vns in ein ſtreich
                    E   zuboden

zuboden schlagen/ vnd ohn zweiffel dise frag so ein=
feltig überzwerch über das feld herein fürgebracht
worden/als da die Phariseer Christum fragten:Ob
man dem Keyser den Zinß geben solte)so hette es
diser disputation/ von / allenthalben sein/ vnnd/ al=
lenthalben können sein/gar nichts bedürfft.

Es fragen auch die Heydelberger / was das für
ein Leib seie/der nicht fleischere oder beynere über=
all sey? Darmit geben sie jren grobē dölpischen ver=
stand zuerkennen / das sie sonst kein weise wissen/
dann die fleischere vnnd beinere / da Christus (wie
D. Luther dem Zwinglio fürgeworffen) im Brot
des Abendtmals müsse stecken/ wie der Schultheiß
in seinen roten Hosen/ vnnd Straw im sack/als ob
Gott sonst kein andere weise hette/ dann dise grobe
dölpische weise.

Wir haben es gesagt/vnd sagen noch mit D.Lu=
thern auß S. Paulo vn vnserm Christlichem Glau=
ben / das es zugehe vnd geschehe nach art der Ge=
rechten Gottes/ zů wölcher Christus nach seiner
Menschheit nicht an ein ort im Himmel/oder in et=
liche Gaben der Herrligkeit Gottes / sonder in die
gantze völle der Maiestet vñ Krafft Gottes einge=
setzt seie.

Vnd reden nicht allein vom Leib Christi/wie die
Zwinglianer argliftiger meinung reden von der al=
lenthalbenheit des Leibs Christi/ sonder von der
gantzen Menschlichen Natur Christi/von Leib vñ
Seel miteinander/wie sie mit dem Son Gottes in
ein Person vereinigt ist/ wölchs der Christlich Leser
wol mercken wölle/wider das vilfeltig groß geschrey

vom

Marginal notes (left column):

Grober dölpi=
scher verstandt
der Heydel=
berger.

Wölcher gestalt
Christus nach
feiner Mensch=
heit an vilē oder
an allen ortē sey.

Wir Württen=
berger reden
nicht von dem
blossen Leib/ son=
der von der gan=
zen Menschli=
chen Natur
Christi.

vom außdehnen vñ außſpannen des Leibs Chriſti/
das vns die Zwinglianer vilfaltig zugemeſſen /vnd
hierinnen wider ſr eigen gedicht/ aber gar nicht wi=
der vnſer Chriſtliche Lehr vñ Bekandtnuß diſpu=
tirn/ wann ſie ſtreiten/der Leib Chriſti werde nicht
mit der Gottheit außgedehnet an alle ort/Nõ coëx=
tendi cum Diuinitate, wölches wir je vnd allwegen/
als ein vnchriſtliche vnnd löſterliche Lehr verworf=
fen vnd verdampt haben.

Derhalbē ſend wir gewiß/ das vnſere Perſon vñ
Lehr von den verdambten Secten der Martioni=
tern/ Eutychianern vnd Neſtorianern aller dings
frey ſein/als die wir dem Herrn Chriſto kein phan=
taſtiſchen gedichten Leib zuſchreiben : Deßgleichen
die eigenſchafften beyder naturen nicht vermiſchen:
Vnd die weſendtliche Gottheit Chriſti als des ewi=
gen Sons Gottes bekennen/ die wol in allen Crea=
turn iſt / aber mit keiner / dann mit diſes Jeſu
von Nazareth menſchheit perſonlich vereiniget/
inmaſſen dann hieoben beſchriben. Vnnd demnach
diſe verdampte Ketzereyen nicht allein mit namen/
ſonder mit der that vnnd warheit von vns ſchieben.
Wie der Chriſtlich Leſer in diſer Schrifft ferner
grundtlichen Bericht hernach an ſeinem ort finden
würdt.

Es hat auch ſo gar die meinung nicht mit vns/dz
die Heydelberger ſchreiben/als ſoltē wir vns etwas
gegen jrer verdampten Lehr genähert habē/vñ ent=
lich auch Zwinglijch werden ſolten / das wir auch
hiemit in diſer vnſer letſten Bekandtnuß vns deſſen
wöllen offentlich vor der gantzen Chriſtenheit prote=

E 2 ſtiert

Der Würten=
bergiſchē Theo=
logen Bekandt=
nuß wider die
Martioniter/
Eutychianer vñ
Neſtorianer/
von der Perſon
Chriſti.

Pag. 127.
Offentliche Be=
kandtnuß vnnd
Proteſtation der
Würtenbergi=
ſchen Theologē/
wider der Pfäl=
ziſchen Zwin=
gliſche Lehr.

ſtiert vñd bezeugt haben/das wir nemlich der Wey=
delbergiſchen Theologen/Glauben/ Lehr vnd Be=
kanndtnuß/beydes wider die Maieſtet Chriſti vnd
ſein warhafftige Gegenwertigkeit im H. Nacht=
mal für ein verdampte Lehr vñ Ketzerey gehalten
haben/ vnd noch halten.

Vnd bewilbet ſonderlich D. Brentius in ſeinem
Namen ſolches zuberichten/deſſen außlegung über
die Epiſtel S. Pauli an die Philipper/ widerumb
auff die Ban gebracht würdt/ vnnd er wider ſeinen
offentlichen willē muß Zwingliſch ſein/ das der ver=
ſtand beyder Außlegung/ für ſich ſelbſt Chriſtlich
vnd war ſey. Dann es je war iſt/ das Chriſtus ein
rechter/warer/ewiger Gott ſey/vñ derhalben nicht
vnrecht(die geſtalt Gottes) für die bloſſe Gottheit
außzulegen/in maſſen auch die alten Vätter gethon
haben. So iſt auch war/ das die menſchheit Chri=
ſti in der perſonlichen Vereinigung mit aller form/
geſtalt/Maieſtat/vnd Herrligkeit Gottes gezieret/
wie S. Paulus ſagt: In jhm wohnet alle fülle der
Gottheit leibhafftig/vñ derhalben nicht allein recht
iſt/ das die geſtalt Gottes nicht bloß für die Gott=
heit/ſonder der geſtalt/wie ſie ſolliche jhr geſtalt des
Menſchen Son mitgetheilt/ das es anderſt nicht
ſein kan/ſoll anders die perſonlich Vereinigung be=
ſtehn:vnd alſo ein Außlegung der andern die Hand
beut/vnd demnach bey vnnd neben einander ſtehn
mögen/ob gleich die erſt Außlegung/ſo auß den al=
ten Vättern gezogen/ nicht gäntzlich des H. Apo=
ſtels Gemüt erreicht hat/ vnnd demnach nicht ver=
wirfflich.

Aber

37

Aber dem sey wie im wölle/so zeiget D. Brentius
an/das er durch Gottes Gnad bey der Lehr vom
heiligen Abendtmal vnnd Maiestet Christi/so er
von anfang dises Streits bey leben D. Luthers
seligen/biß auff disen tag gefüret/bestendigklich
verharre/vnd wölle kürtzlich der Zwinglischen ver-
dampten falschen Lehr von dem jetzbemelten hei-
ligen Abendtmal vnnd Maiestet Christi/weder ge-
sotten noch gebratté/weder gesaltzé noch geschmal-
tzen/das sollen die Zwinglianer wissen: vnd prote-
stire sich auch dessen hiemit offentlich.

Was dann andere punctē belanget/so sie in diser
jrer letsten antwort angereget/da sie vnsere Wort/
Glauben vnd Bekandtnuß/deßgleichen die herrli-
chen Sprüch der heiligen Schrifft von der Maie-
stet des Menschē Christi mütwillig verkeret/so wir
auff dieselbige Calumnien alle von newem antwort
geben/vnnd vnsere vnwiderlegte antworten wider-
holen solten/wurden wir mit disen Leüten nimmer
an kein End kommen/wölche zum theil im Proto-
coll/vnnd dann auch in vnser Erklärung gnügsam
sein verantwortet worden. Dardurch sie doch an-
ders nichts gedenckē außzurichten/dañ das sie den
Christlichen Leser von der Hauptsach gern wolten
abfüren. Vnnd weren wir wol bedacht gewesen/es
bey vnser Erklärung bleiben zulassen/der tröstli-
chen hoffnung/es solte meniglich nun mehr den han-
del wol verstehn/vñ die widerlegung der gedachten
Calumnien gnügsam gemerckt haben. Wie dann/
Gott lob/eben dise vnsere Lehr sambt vnd mit vns
von anbegin her in der Christenheit geglaubt vñ ge-
predigt worden.　　　　　　E 3　　　Aber

Die Württen-
bergischen wöl-
len sich der Ca-
lumnien halben
nicht weiter ein-
lassen.

Aber wie dem/so wöllen wir derselben halbē zum
vberfluß vnd endtlicher Abfertigung nur ein kurtze
erinnerung thůn / vnnd alsdann beydes auff das
Protocoll/vnd vnser darauff eruolgte Christliche/
vnd in Gottes wort gegründte Erklärung vns ge=
zogen haben / das es alles nach notturfft außgefůrt
vnd von vnserm Gegentheil noch nicht widerlegt/
auch jhnen vnd andern solliches zuthůn in ewigkeit
vnmüglich sein würdt.

Ob die Heydel·
bergische Theo=
logen das Pro-
tocoll vorteiliger
weiß in Truck
verfertiget.

Vnd erstlich/ das sie fürgeben/ vnd weitleüfftig
gleich anfangs in vilen blettern velmelden/wölcher
gestalt das Protocoll von jhnen in den Truck ver·
fertiget/ vñ das sie in demselben nicht vortheilig ge=
handelt/auch weder gemündert noch gemehret / ne=
men wir dißfals von jhnen für bekandt an / das sie

Pag.11.

selbs vil ort anziehen / darinnen jr getruckts Hey·
delbergisch Protocoll/ dem Tübingischen/jha auch
jhrem Original/ das sie noch bey handen haben/
nicht gleichförmig. Ob aber dieselbigen vermeldte
veränderungen des Protocolls/dem rechten Ver·
stand nichts geben oder nemen/vñ ob sie vngefähr·
licher weise / allein auß vbersehen der Schreiber vñ
Trucker(wie die Heydelberger zů jrem glimpff für·
geben)geschehen/vnd einiger vortheil hierinnen von
jhnen nicht gesůcht worden / das stellen wir zů des
fleißigen vnnd verstendigen Lesers Erkanndtnuß
vnd vrtheil.

Sonderlich aber ist vns nit wenig beschwerlich/
das in dem Protocoll bald im anfang (da wir die
beschreibung der persönlichen Vereinigung beyder
Naturn in Christo gesetzt / vñ darauff ettliche hel·
le vnd

39.

le vnnd klare Sprüch der H. Schrifft angezogen/
mit wölchen vnser Lehr von der personlichen Verei=
nigung gewaltigklich erwisen würdt)sie am selbigen
ort/da es ans treffen geht/ vnnd der Leser auff die
Beweisung wartet / gemelte vnsere Sprüch gar Im Heydelber=
gischen Protc=
folio 8.
kurtz/vnd an denselben nur ettliche wenig wort ge=
setzt/ also das die einfaltigen/so nicht wol in heiliger
Schrifft geübet/ nicht leichtlich sehen können / ob
vnd wie vnser Lehr in bemelten Sprüchen gegrün=
det sey oder nicht/ da sie dargegen die Sprüch der
Schrifft (wölche sie zur vermeinten bestettigung j=
rer jrrthüm eingefürt) gemeincklich gantz verzeich=
net. Ohn zweyffel darumb / das der einfaltig Le=
ser darfür halten soll/jr meinung sey mit grund der
Schrifft gnügsam erwisen / vnser Lehr aber mög
mit denē von vns angeregten / vñ von jhnē gestüm=
melten Sprüchen nicht erhalten werdē.Derwegen/
da sie hetten im Protocoll wöllen vnparteisch han=
deln / wie sie sich rhümen/ solten sie eintweder vnsere
Sprüch so wol/ als die jhren/ergentzt/ oder die jren
auch nicht anderst angezogen haben/ dann wie die=
selbigen im Original verzeichnet worden/ So were
einem theil geschehen wie dem andern.

Also auch/was sie in das Niderland vnd andere Was die Hey=
delberger von
Maulbronni=
schen Coloquio
spargiert.
mehr ort/vom Colloquio/ so zu Maulbronn gehal=
ten/ geschriben/ beydes vnser Lehr vnnd Personen
darmit zubeschweren/ (darinnen sie den vngrund
von dem gehaltnen Colloquio berichtet) derselben
Schreiben glaubwürdige Copias haben wir bey
handen/vnd da wir nicht die gewisse fürsorg trügē/
das sölliche Personen in höchste gefahr jres Leibs
vnd

vnd Lebens komen möchten/werē wir vnbeschwes
ret/jre Namen zunennen/vñ der Deydelbergischen
Theologen vngegründte Schrifften in den Truck
zuuerfertigen.

Pag.22.
In der Erklä=
rung. Pag 168.

Von der Außlegung D. Brentij vber den Euan=
gelisten Johannem/vnd was er von dem mund des
Glaubens daselbsten geschriben / ist in der Erklä=
rung notturfftiglich gesagt / vnd mit dem wenig=

D.Brentius
hat in Johan=
nem im selbs
nichts wider=
wertigs geschri=
ben.

sten schein der warheit durch den Gegentheil noch
nicht widerlegt.Dann D. Brentius weder damals
noch jetzt auß dem Mund des Glaubens/dē mund
des Leibs machet/sonder hat je vñd allwegen / also
auch noch / durch Gottes Gnad bestendig gelehrt/
vñ den Mund des Leibs vnd des Glaubens fleißig
vnderscheiden/vnd angezeigt/das allein der Mund
des Glaubens empfind dise Himlische Speiß / vnd
nicht der mund des Leibs:Dann es gehe nicht auff
ein leibliche/jrdische oder natürliche Weise zü / son=
der durch die Krafft der Allmechtigen Gerechten
Gottes / wölche allein der Mund des Glaubens
empfinden kan/Wie auch die vnglaubigen vnd vn=
würdigen nicht gleich mit dem Mund das Gericht
empfinden / aber im Gewissen würdt es zü seiner
zeit/mehr/ dann jhnen lieb ist / offenbar.Derwegen
der Christlich Leser abermals auß disem Stuck
spüren mag / mit was grund die Deydelberger des
D. Brentij Schrifften (der jhrer meinung nie bey=
gefallen/auch dasselb nimmermehr zuthün gedenckt)
zur bestettigung jrer jrrthumb anziehen.

Pag. 37. 56.

Es widerholen auch die Deydelbergische Theo=
logen/jr jetzige Lehr vom vnderscheid des Alten vñ
Newen

newen Teſtaments: In dem ſie dem Herrn Chriſto/
nach ſeiner Meſchheit kein ander würckūg zūſchrei-
bē /ſo er mit vns auff Erden haben ſoll / nach dem
der Son Gottes iſt Menſch worden/dañ wie nach
derſelben der Son Gottes durch den heiligen Geiſt
im alten Teſtament gewürcket hat/da er noch nicht
war Menſch worden. Vnnd widerlegen nicht mit
eim wort/ das wir wider ſie nun ettlich mal geſchri-
ben vnd erwiſen/ das ſie kein vnderſcheid zwiſchen
den Jüdiſchen/vnnd der Chriſten Sacrament ma-
chen/vñ/ ſouil an jhnen/ſo haben ſie diſes fabls das
new Teſtament gantz vnnd gar auff/vnd lehren im
grund nichts anders/dann ein fürbildung des ab-
weſenden vnnd nicht anderſt gegenwertigen Men-
ſchen Chriſti/dañ wie er den Vättern im alten Te-
ſtament gegenwertig geweſen / gleich als wañ er nit
geboren / auch noch nicht zū der Gerechten der All-
mechtigē vnendtlichen Krafft Gottes geſetzt were.

Vñ iſt ſonderlich zumercken/das ſie ſchreiben: Die
Gottheit hab im alten Teſtament durch ſich ſelbſt
gehandelt vnnd gewürckt bey dem Volck Gottes/
ſo er doch Figur vnd Bildtnuß gebraucht/(wölche
den Herrn Chriſtum bedeutet)vñ im brauch derſel-
ben ſein Gnad erzeigt.Der vrſachē auch die Heydel-
bergiſche Theologen den Sacramenten des alten
Teſtaments weniger zugeben/ dañ jhnen Gottes
wort ſelbſt zūſchreibet.

Vnd bleibt alſo noch feſt vnd beſtendig/was wir
wider ſie geſchriben/ nämlich/ das ſie/ſouil die Sa-
cramenta belanget/ auß den Chriſten/ Juden ma-
chen / vnnd alſo die Leüt vom Leib Chriſti / auff

Pag. 56.

die

Die Heydelber-
giſchen Theolo-
gen wiſſen den
vnderſcheid des
alten vnd ne-
wē Teſtaments
nicht.

Die Heydel-
berger machen
auß dē Chriſten
Juden.

die Figuren weisen. Dieweil aber die Figuren des
alten Testaments auffgehaben sein/vnd die jenigen
so noch daran hangen/ Christum verlieren / vnnd
denselben dergestalt jnen selbst vnnütz machen/vnd
dann die Heydelbergische Theologi/ jrer eigen Lehr
nach/Christum in jren Sacramenten jetzt nicht ge-
genwertiger vnnd kräfftiger haben/ dann im alten
Testament/(wölches nur Schatten vñ Bildnussen
hat / als der Apostel sagt) so volget/das der Hey-
delbergischen Theologen Sacramenta nicht besser
oder Gott gefelliger seyen / als wann die Christen
die alten Figuren des Gesatzs wolte widerumb an-
richten/ vnd als einen Gottsdienst in die Kirchen
Christi einfürten.

Vnderscheid der
Sacramenten
des alten vnnd
newen. Testa-
mento.
Dann einmal ist Christus in den Sacramenten
des newen. Testaments auch nach seiner Mensch-
heit gegenwertig / der in den Sacramenten des al-
ten Testaments nach seiner Menschheit nicht ge-
genwertig gewesen ist / sonder sein Menschheit ist
dem Volck durch die leibliche Opffer allein abge-
bildet / vnnd damals weder geborn/noch Christus
nach seiner. Menschheit zur Gerechten Gottes ge-
setzt gewesen/ der jetzt mit dem Vatter vnnd heili-
gen Geist alles im Himel vnd auff Erden verwal-
tet vnd regieret.

Der Heydelber-
ger Nachtmal
gefellt Gott nit.
Darumb so wenig dem Allmechtigen die Jü-
dischen Ceremonien (als das Osterlämblin / die
Opffer / vnnd dergleichen) jetzt im newen Testa-
ment gefallen/so wenig gefelt jm auch das Nacht-
mal deren/die darinnen nichts anders / dann allein
ein abbildung des Leibs vnd Bluts Christi / vnnd
gar

gar nicht die warhafftige Gegenwertigkeit Christi
auch nach seiner Menschheit glauben.

Ferner werffen vns vil vnd offt die Heydelber=
ger in diser jrer letsten Antwort für / als solten wir
nicht bestendig auff einer meinung vnnd erklärung
von der Person Christi bleiben/als die wir jetzt vil
anderst dauon reden vnd schreiben/dann im Collo=
quio zu Maulbronn vnd daruor beschehen : Dann
zuuor sollē wir die persönlich einigkeit beider Na=
turn beschriben haben / das / menschwerden / bey
vns heisse/den menschen der Gottheit an eigen=
schafften gleich machen : Jetzt aber /mit disem
Menschen: Jetzt aber/ durch disen Menschen alles
würcken: Jetzt/ das die Menschheit ein erschaffene
mitgetheilte Allmechtigkeit habe: Jetzt/das Chri=
stus kein andere erschaffene Gottheit habe / sonder
die wesentliche/natürliche Gottheit / würcke alles
durch disen Menschen: Jetzt / das die Menschheit
mit jrer Substantz vnd Wesen: Jetzt/ das die per=
sönlich allenthalben sey/ıc.Wölches alles anderst
nichts/daū ein Belial stuck ist/den einfaltigē Christ=
lichen Leser damit jrz zumachen / der solcher arten
zureden eigentlichen verstand nicht gleich mercken
oder behalten kan.

Dann was ist die gleichheit des Menschē Chri=
sti mit Gott anders/ dann das Gott disen menschē
neben sich zu der Gerechten seiner Allmechtigen
Krafft vnd Maiestet gesetzt /oder/das Gott durch
vnd mit disem Menschen Himel vnd Erden regie=
ren will ꞉ wie daū diser Mensch sagt : Mir ist geben
aller Cewalt im Himel vnnd auff Erden. Wöl=
che gleichheit aber durch vns niemals ohn allen

Pag.42.81,83.
87.127.

Die Würten=
bergischen Theo
logen leeren be=
stendig einerley
von der person
Christi.

Vergleichung
vnd Christliche
erklärung der
Würtenber=
gischen leer von
der person Chri=
sti.
Matth.28.

vnderſcheid geleret noch geſchriben / wie vns die
Heydelberger wider das Gezeugnuß jres eigen Ge=
wiſſens zulegen/ angeſehen/ das wir allwegen vnnd
mit allem fleiß nit allein die beyde Naturn in jrem
Weſen / ſonder auch in jren eigenſchafften vnder=
ſcheiden/ dann auff ein andere weiſe Chriſtus nach
ſeiner Göttlichen Natur/ vnd auff ein andere weiſe
nach ſeiner Menſchlichen Natur allmechtig iſt / al=
les weiſt/ vnnd alles gegenwertig regieret/ vnd doch
beydes warhafftig vnd mit der that/ vnd nicht mit
eim leeren Namen.

Die Gottheit
würdt auff
zwayerley weiß
angeſehen.

So iſt auch ein groſſer vnderſcheid / da man die
Gottheit für ſich ſelbſt / vnnd dann wie ſie ſich mit
der angenommen Menſchlichen Natur perſonlich
vereiniget hat/ anſihet/ vn bleibt
doch in Chriſto/ die einig / ewig/
natürlich Gottheit / wölche mit
dem Vatter vn heilige Geiſt ein
einigen Weſens iſt. Aber der ge=
ſtalt ſie ſich in Chriſto mit der an=
genommen Menſchheit perſonlich
vereiniget/ überkompt ſie ein an=
dern Namen/ vnd würdt genen=
net ein mitgetheilte Gottheit/
wölche mittheilung/ ſage wir/ der
Gottheit/ nit von ewigkeit / noch
vor erſchaffung der Welt/ ſonder
lang hernach in plenitudine tem=
poris geſchehen/ darumb ſie auch
jren anfang hat/ ſo doch die Gott=
heit an jr ſelbſt/ ohne anfang iſt/
ein

Quando filius Dei in vnitatem perſonæ
ſuæ aſſumpſit humanam Naturam, ſu-
am maieſtatem non ex parte, ſicut ſan-
ctis, ſed totam communicauit,quia ſibi
eam propriam fecit. Maieſtas autē Dei
cum ſit ſubſtantia: & humana natura
quoqʒ ſit ſubſtantia: neutrum alterius
accidens eſſe poteſt. Nam Diuinitati
nō poteſt accidere humanitas,quoniam
in Deum non cadit accidens. Et viciſ-
ſim Diuinitas non poteſt accidere huma-
nitati , quia Diuinitas non eſt accidens.
Quia vero illa vnio duarum naturarum
talis eſt,in qua humanitas omnia accipit
à Diuinitate, videlicet quod omnia ſcit,
quæcunqʒ Diuinitas nouit , etiā ſecun-
dum humanitatem. Ideoqʒ Scholaſtici
Theologi dixerunt , fieri nō ſimpliciter,
ſed quaſi per accidens .Hinc alij cōmuni-
cationē hanc accidens,alij creatam dixe-
runt,quia non eſt ab æterno, nec huma-
nitatis eſſentia.

ein ewigs Göttlichs wesen/Vnd da wir nach art vñ
gebrauch diser Welt reden sollen/ anderst nicht dañ
ein Geschenck vnd Gab nennen könden/ wiewol di=
ses Geschenck Gott selbst /vnnd von jm nicht abge=
sondert ist/sonder in dem er diser menschlichen Na
tur sich zueigen gemacht hat / jr Schenck vnnd
Gab worden ist.

Wir wöllen solches mit der Gleichnuß des Leibs **Gleichnuß des**
vnd der Seelen ettlicher massen erklären. Nichts **Leibs vnd der**
gewissers ist / dañ das die Seelen der abgestorbnen **Seel.**
Christglaubigen Menschen bey Gott leben / vnnd
auff die aufferstehung des Fleisches warten / die
werden on zweiffel auch jre Würckungen (die zeit/
so sie vom Leib abgesöndert)haben/ aber vil ande=
rer gestalt/dann da sie im Leib gewesen/Vnder des=
sen ligt der Leib in der erdē/sihet nicht/höret nicht/
greiffet nicht/geht vnd wandelt nicht. So bald nun
die Seel widerumb in den Leib kompt / so vber=
kompt er das leben in allen seinen Glidern/Die em=
pfahet der Leib das leben / alle Krafft vnd Wür=
ckungen von der Seel. Vnnd das in seiner Natur/
Substantz vnnd Wesen / wölche Würckungen der
Leib on die Seel nicht hat / vnnd seind doch im
Menschē nit zwo Seel / sonder nur ein einige Seel/
so bald sie vom Leib weichet / so hat der Leib kein
leben noch Würckung mehr / wie er zuuor gehapt/
sonder ist ein todter Leib.

Also seind in Christo nur zwo Naturn/die Göt=
lich vnnd Menschlich/ vnnd dannoch nur ein einige
Gottheit in Christo/ wie nur ein einige Seel in eim
jeden Menschen/ (wölche Seel doch anderst wür=

Æet mit dem Leib vereiniget/vnnd anderer geſtalt
für ſich ſelbſt/auſſerhalb des Leibs.) Wie aber die
Seel das Leben dem Leib mittheilt / der für ſich
ſelbſt nicht lebt / alſo hat die Gottheit in Chriſto
der angenommenen Menſchheit all jr Maieſtet
mitgetheilet/dann er hat diſen Menſchen geſetzt zů
ſeiner Gerechten / vnnd jm allen Gewalt geben im
Himel vnnd auff Erden.Solches wöllen wir auch
durch ein Exempel auß der heiligen Schrifft er-
klären. Da Chriſtus zwölff Jar alt war nach der
menſchheit / vnnd mit den gelehrten zů Jeruſalem
diſputieret/ hat die Gottheit nit durch diſes Kind
geredt/wie ein Menſch durch ein Rhor redet/(oder
wie der Sathan durch die Schlangen)vñ wie das
Rhor kein wort verſteht/das alſo diß Kind nit ſolt
verſtanden haben / was die Gottheit durch ſein
Mund geredt / ſonder die Gottheit hat es diſen
Menſchen auch gelehret/durch diſe perſönliche ver-
einigung der menſchlichen Natur mit dem Son
Gottes.Diſer geſtalt/händelt auch jetzo Gott nichts
on diſen menſchen/er iſt nirgendt on diſen menſchē/
ſonder er iſt darbey/handelt mit.Vnd wiewol diſes
zwölffjärigen Kinds verſtand Göttliche Weißheit
hat/vnd dann der Son Gottes die ewig Weißheit
iſt/ſo ſeind es darüb nit zwo ewige Göttliche Weiß-
heit/ſonder ein einige/ ſo von ewigkeit her geweſen/
vnd aber zů ſeiner zeit ſich diſem Kind vereiniget/
vnd alſo mitgetheilet hat. Dergeſtalt ſie dann ein
andern namen überkompt / vnnd ein mitgetheilte
Göttliche Weißheit mag genennet werden / ſo es
doch kein andere Weißheit iſt/dann eben die Gött-
lich

lich Weißheit / so von ewigkeit gewesen. Wie aber
solches zügebe / in dise Schül seind wir noch nicht
kommen / Dancken aber Gott / das vnser hertz Chri=
stus dises in der Schül der ewigen Gottheit / vnnd
im Himmel der heiligen Dreyfaltigkeit / gelehrnet
vnnd erlanget hat. *Cælum Trinitas tis, Scola Christi fuit.*

Also vnd anderst nicht haben wir auch vor dem
Maulbronnischen Gespräch gelebrt vnd geschriben /
wie in dem Buch de vnione personali, vnnd in der
disputation zü Tübingen anno 2c.64. gehalten / zü=
sehen / da wir außtruckenlich geschriben / das Gott
sich dermassen in disen menschen außgossen / das er
setzt ausserhalb disem menschen nichts würcke / son=
der in vnd durch disen menschen alles in allen wür=
cke / der gestalt dasselbsten erkläret worden / was wir
je vnd allwegen durch die Maiestet des menschen
Christi verstanden / nach wölcher er mit Gott zü
seiner Gerechten in gleicher Hertligkeit alles in
Himmel vnd Erden regieret vnd verwaltet. *De vnio. perso. fo.9.10. In Disp. de Maiest. Christi, propos.20.*

Darumb vns nicht irret / wir auch mit nimand
vns jemals gezwayet / er nenne dise Maiestet mit
was namen er wölle / (allein das es dem Glauben
ehnlich sey) weil Christus nach seiner menschheit /
dieselbige nicht von ewigkeit gehabt / vnd dergestalt
in jm angefangen hat die mittheilung diser Maies=
stet. Dann wir haben nicht wort / darmit wir sie auß=
sprechen / weil es ein gehaimnuß ist / das allein mit
Glauben gefasset / vnnd mit keiner Zungen außge=
sprochen werden mag. Vmb die sach ist es zü=
thün / vnnd gar nicht vmb die Philosophische
Namen /

Warumb es in der disputation von der Maiestet Christi zu thon seye.

Namen/dz nämlich Christus nach seiner Mensch=
heit nicht in ein theil der Weißheit vnd Allmechtig=
keit / sonder in die völle der ewigen Weißheit vnnd
gantzer vnzertheilter Allmechtigkeit Gottes einge=
setzt seye / also / das nicht allein die Gottheit alles
weißt in Christo / sonder Christus weißt auch alles
nach seiner Menschheit/vnd das Christus nicht al=
lein nach seiner Gottheit / sonder auch nach seiner
Menschheit allmechtig / doch mit seinem vnder=
scheid/das Gott ohn disen Menschē oder außerhalb
im/nichts weder im Himel noch auff Erden hand=
le. Wer das mit vns bekennet / mit disem wöllen
wir von worten nicht disputieren. Dann so behüt=
sam nimmermehr mag geredt werden/da man
schelten vnnd klüglen will / nicht solt allweg etwas
finden könden züuerkeren.

Sie reden / der Mensch Chri=
stus / oder/ die Menscheit Chri=
sti / oder dersel=
bigē Substātz/
rc. werden in ei=
nerley Verstand
gebraucht.

Also ist auch der Mensch oder die Menschheit
Christi/vnd die Substantz vnnd Wesen derselben/
ein ding/ auff die ersten weise reden die Layen/auff
die andern aber / die gelehrten /vñ heißt im Grund
beydes nichts anderst / dann Christus nach seiner
Menschheit / diser ist auch warhafftiger ewiger
Gottes Son / vnd mit demselben ist die angenom=
mene Menschheit so nahe verbunden / das auch
Christus nach derselben Menschheit persönlich/
das ist / durch die mitgetheilte Maiestet/allenthal=
ben gegenwertig ist.

Wer diß glaubt/der glaubt recht von der Maie=
stet Christi / wer diß nicht glaubt/der hat noch kein
völlig erkandtnuß Christi/vnd versteht nicht / was
da heisse / das Christus sitze zür Gerechten der All=
mechtigen

mechtigen Krafft Gottes.

Darumb hette es wol dises vilfaltigen geschreys
nicht bedůrfft/ da sie fürgeben/ wir haben vnser
Lehr von der person Christi geendert. Wir wöllen
jnen das wenigst wort nicht zucken: sonder das wir
mancherley weise zůreden gebraucht/ist keiner an=
dern meinung bescheben/ dann das wir eine durch
die andere/ vnnd also durch sie allzůmal/ souil vns
die Schrifft anleitung gibt/ die Maiestet vnsers
Herrn Christi nach seiner Menschheit erklären
wöllen.

Auß diser erinnerung ist auch abzunemen/ mit
was Gewissen die Heydelberger on alles auffhören
vns die Würtenbergischen Theologen in der gan=
tzen Welt außrüffen/ Wir glauben in Christo kein
ewige/ sonder allein ein erschaffne vnnd gemachte
Gottheit/ wölche der natürlichen Gottheit an ei=
genschafften/ Krafft/ vnnd vermögen/durch auß
gleich sey. Darauff wir anderst nicht antworten
sollen/dann das es(mit vrlaub zureden)nicht war/
vnnd vns die tag vnsers Lebens solliches in vnser
Hertz niemals kommen/vnnd allwegen von der ei=
nigen wesendtlichen Gottheit geredt/ wölche sich in
der Menschliche Natur in Christo dermassen auß=
gossen/vnd dieselbige erleuchtet vnd begabet/ das
derselbe nichts vorbehalten/ sonder alle sein Maie=
stet/ warhafftig durch die persönlich vereinigung
mitgetheilt. Vnnd diß bedarff so gar keiner beson=
dern Antwort/das sie selbst eben in diser jrer letsten
Antwort vns deßhalben entschuldigen/ vnnd sich
selbst in jren eigen worten straffen/ dañ also schrei=

G ben

ben sie von vns im 119. blat: Was nennen sie (die
Wiirtenbergischen Theologē) aber in Gott gesetzt
sein? volgt weiter / Mit Gott personlich vereini=
get/heißt nicht allein von jm erhalten/vnd nimmer
verlassen werden/ sonder also in Gott hinein gesetzt
sein/das der Mensch alle Maiestet des Sons Got=
tes überkommen / mit dem er ein Substantz vnnd
Wesen worden ist. Deßgleichen im 126. vñ 127.blat
bekennē sie/das wir durch die Maiestet des Men=
schen Christi/nicht ein erschaffne Gottheit / sonder
die natürliche / wesendtliche Gottheit des Sons
Gottes/oder die vnaußsprechliche Vereinigung der=
selben mit der Menschheit zū der Substantz vnnd
Wesen einer einigen Person / verstehn. Diß ist vn=
ser Glaub vnd Bekanndtnuß je vnd allwegen ge=
wesen / wiewol wir ein abschewen ab diser art zure=
den billich gehabt/vnd noch haben/das beyde Na=
turen in Christo ein Substantz vnnd Wesen sollen
genennet werden / wölches wir an den Heydelber=
gischen Theologē auch in der Erklärung gestrafft/
vnd an statt derselben allwegen ein person nennen.
Dann in Christo die zwo Substantz/Gottheit vnd
Menschheit nicht ein Substantz vnd Wesen / son=
der ein Person sein/ in wölcher Person zwo vnder=
schidne vngleiche Substantz vnd Wesen sein vnnd
bleiben ewigklichen.

Sie treiben auch vil vnd offt in diser vñ allen an=
dern Schrifften./ das wir Lutherischen im handel
vom heiligen Nachtmal vnnd erklärung der wort
der einsatzung nicht beim Buchstaben der wort
Christi bleiben / darumb das güter einfaltiger mei=
nung

Obs war sey/
das wir nicht
bey dem Buch=
staben der wort
Christi bleiben
im handel des
H. Nachtmals.

nung in Erklårung des Nachtmals geſagt wūrdt/
mit dem Brot/ vnder dem Brot/ bey dem Brot/
werd vns der Leib Chriſti gegeben/ diß iſt auch zů-
nor hundertmal verantwortet.

Dañ da vnſer Herr Chriſtus ſagt: Nemet/eſſet/ das iſt mein Leib/ verſtehn wir diſe wort anderſt nicht/ dann wie ſie lauten/ Nåmlich/ das Chri- ſtus ſeinen Jüngern ſein Leib gegeben habe/ vnd/ das/ das er ihne gegeben hat/ ſein Leib geweſen ſeye/inmaſſen dañ auch die lieben Apoſtel geglaubt haben.

Einfaltiger ver-
ſtand der wort
Chriſti/nach
dem Büchſtabẽ.

Das aber Chriſtus ſeinen Leib nicht ohn das Brot geben/ ſonder das Brot darzů gebraucht/ vnd gleich auch mit dem wort (das) gezeiget hat/ das nembt dem einfaltigen/laut vnd verſtand des Büchſtabẽs gar nichts.Das/das vnſer Herr Chri- ſtus ſeinẽ Jüngern im H. Abendtmal gebẽ hat/ iſt ſein Leib geweſen/das iſt der Büchſtab/das iſt der laut des dürren/hellen Büchſtabens/das iſt der ein- feltig verſtand derſelbẽ wort/ vnd laſſen ihnen diſe wort kein andern verſtand auff dichten.

Es nimbt vns auch nicht wenig wunder/das die Heydelberger ſich noch entſchuldigen dürffen/ als weren ſie nicht geſteckt/ da wir ihnen nicht geſtan- den/ das durch diß wörtlin (das) allein das Brot verſtandẽ werden ſolt. Da ſie ſich lauter/ nicht al- lein vernemen laſſen/ wann wir ihnen diß nicht zů gebẽ/köndtẽ ſie nicht weiter diſputirn:ſonder es hat ſich auch meniglich darüber verwundert/ das ſie ſo vnuerſchampt geweſen/ vnnd ettlich mal offentlich

Die Heydelber-
ger im Collo-
quie geſteckt.

sagen dürffen/das wir jnē bekañdt/ es werde durch
diß wort(das)allein das Brot verstanden/wölches
wir doch beständigklich für vnd für verneinet/vnd
niemals gestehn wöllen/dañ wir zuuor jren grund=
losen Bericht gelesen/ vnd darinnen befunden/das
darauff all jr Hoffnung gestanden / vnd jhnen diß=
mals vnuersehens in das kaat gefallen war.

Darumb wir sie hiemit ermanen/sie wölten jrer
selbst verschonen/vnd fürohin nicht mehr solche sa=
chen fürgeben/da das widerspil im Protocoll/souil
vñ offt erholet: sonder gedencken vnd ermessen/das
dannoch Leüt auff Erdē seiē/die solches verstehn/
bey wölchen es sich nicht verstreichen laßt.

Gotslösterungē
der Heydelber=
gischen Theolo=
gen. Pag. 59.

Gleichßfals sagen wir jhnen ernstlich / sie wöllen
sich diser grausamen Lösterung enthalten / das
sie Christum im H. Nachtmal(der gestalt D. Lu=
ther vnnd wir sampt andern der Augspurgischen
Confession verwandten Theologen reden)nicht ein
Antichristischen Götzen nennen. Wölche lösterun=
gen nicht allein in der Christlichen Kirchen/sonder
auch in der Christlichen Policey/ weder zudulden
noch zuleyden. Dañ der warhafftig Christus Gott
vnd Mensch mit seinem Leib vnd Blůt gewißlich
im heiligen Sacrament gegenwertig ist/ vnnd dise
lösterung/ wo sie nicht Bůß würcken/ zů seiner zeit
nicht vngestrafft lassen würdt.

Vngleiche Auß=
legung deren/
so nicht bey dem
Büchstaben der
wort Christi im
handel des B.

Da sie aber so lustig seien/deren meinung zuerze=
len/so nicht beim laut des Büchstabens der wort
Christi bleiben/sonder dieselbigen radbrechen / vnd
einander selbst dardurch jre meinung vmbgestos=
sen haben : mögen sie sich erinnern/wie fein Carol=
stadius/

stadius / Zwinglius / Oecolampadius / vnnd Schwenckfeld/in der außlegung diser vier wörtlein (das/ist/mein/Leib)zusamen stymmen. Dann Carolstad martert das wörtlein(das)vnd sagt. Christus hab mit disen wörtlin nicht auff das Brot/ sonder auff seinen Leib damals gedeutet/ wie er sichtbarlich bey seinen Jüngern vber Tisch saß/ wölchen Leib er doch seinen Jüngern nicht hab zu essen geben. Zwinglius nimbt für sich das wörtlein (ist) das müß jm souil heissen / als/ (es bedeutet.) Oecolampadius laßt dise zwey wörtlein in jrem natürlichen Verstand bleiben / vnnd richtet sich an das wörtlin (Leib) wölches jhm souil gelten müß als(ein figur des Leibs.) Schwenckfeld versüchet sein heil an dem wörtlin(mein)nimbt daßelbig von seinem ort hinweg/vnd setzt es zuuörderst/das jhme nach seiner meinung die wort also lauten sollen/ mein Leib ist das/das für euch gegeben würdt/ ıc.

Solcher vnnd so mancherley vngleicher glossen bedürffen wir gar nichts/sonder bleiben bey dē dürren/klaren vnd hellen worten Christi / das ist mein Leib / das nämlich/was der Herr Christus seinen Jüngern mit Brot vnnd Wein gegeben hat. Vnd zancken vns der wort oder Reden halben mit niemand/er spreche/mit dem Brot/oder in dem Brot/ oder vnder dem Brot/ der allein glaubt vnd bekennet/das Christus warhafftig mit seinem Leib im H. Abendtmal gegenwertig sey.

Eben der vrsachen/durffte sie sich auch wol nicht so hefftig kützlen mit den groben fleischlichē reden/ wie der Leib Christi durch den mund eingang/vnd

mund eingeſcho
ben werde/wie
Rindfleiſch.

in vnſere leib geſchlunden werde. Jtem/ das ſie offt
ſchreiben / es koͤnne der Leib Chriſti nicht geeſſen
werden/ wann er (vnſer Lehr nach) zuuor an allen
orten gegenwertig ſey. Souil nun jr erſte einred
von dem einſchieben des Leibs Chriſti in vnſern
Mund belanget/ wiſſen ſie es vil beſſer / vnnd ge=
ben vns des widerſpils in diſem jrem letſten ſchrei=
ben offenbare Zeugnuß / da ſie nach jrem vnuer=
ſtand nicht koͤnnen vergleichen/ wie es geſcheben
moͤge/das Chriſtus nach ſeiner Menſchlichen Na=
tur mit ſeinem Leib/ nach art der Gerechten Got=
tes/zuuor da ſey/vnd doch durch die hand des Die=
ners einem jeden gegebeͤ werde/der ſich des Nacht=
mals gebraucht / vñ das geſegnete Brot in Mund
nimpt.

So wir dañ lehren / Chriſtus fahre weder auff
noch ab/doͤrff ſich auch von keinem ort zum andern
bewegen / das er vns ſein Leib im H. Nachtmal
zur ſpeiſe gebe / vnnd ſein Blůt zů einem tranck/
dann er hab ſich geſetzt zů der voͤlligen Gerechten
der allmechtigeͤ Krafft Gottes/woͤlche an allen en=
den vñ orten iſt: ſolteͤ ſie billich/wo nicht jrer ſelbſt/
doch der Chriſtenheit mit diſen groben reden ver=
ſchonen/vnd nicht ſo freidig fuͤrgeben duͤrffen/ als
lehrten wir den Leib Chriſti in Mund einſchieben
vnnd verſchlicken/wie man Rindfleiſch ein ſchiebet
vnd in den Leib nimpt.

Chriſti Leib kan
dannoch mund=
lich geeſſen
werden ob er
ſchon zuuor an

Souil dann die ander einred betrifft / naͤmlich/
wie der Leib Chriſti koͤnne muͤndtlich geeſſen wer=
den/wañ er zuuor an alleͤ orten gegenwertig ſey/ hat
D. Luther ſolches vorlangſt verantwortet / da er
mehr

mehr dann an einem ort geschriben: Es ist zweyer= allen ort gegen= wertig ist.
ley (spricht er) das Christus da sey / vnd das er dir
da sey / vnnd diß machet auch den vnterscheid zwi=
schen seiner gegenwertigkeit im H. Nachtmal/ vnd
der andern gegenwertigkeit. Dann im heiligen
Nachtmal ist er dir da / das ist / das er dich speise/
mit seinem Leib / zů wölchem Werck er verordnet
hat das brot des Abendtmals / das seines Leibs
gemeinschafft ist/ das ist/ darbey er selbst sein/dich
speisen mit seinem Fleisch zům ewigen Leben/vnnd
also mit seiner Gnad in dir gegenwertig würcken
will.

Gleich wie der heilig Geist zuuor in den Jüngern
war/ehe dañ Christus saget:Nemet hin dē heiligen
Geist/nit destweniger habē sie jn damals nach dem
Wort Christi/ vñ auch am Pfingstag empfangen/
nåmlich der gestalt/das der Geist Gottes/der jmer
vnd ohn vnderlaß in jnen vnd bey jnen was/etwas
damals gewürcket / das er zuuor in jhnen nicht ge=
würcket hat.

Diß Geheimnuß laßt sich ettlicher massen durch Erklårung diß
ein gleichnuß erklåren / Der Sonnen glantz gehet Geheimnuß
zůgleich auff alle Menschen / die an der Sonnen durch die gleich-
wandlen/gleichwol zündet sie keinem sein Kleid an/ nuß der Sonne.
Aber da die Sonn in ein brennspiegel scheinet/sam=
let sich im selben der Sonnen glantz der gestalt/das
darmit derselbig Glantz von einem ort in das an=
der bewegt / vnnd einem jeden nach einander sein
Kleid angezündet würdt / das der Sonnen glantz
sonst ohn den Spiegel nicht thůt / ob er gleich alle
Menschen überscheinet.

Also

Also hat es auch (so wir die vbernatürliche Ge=
heimnuſſen den natürlichen dingen vergleichen
dürffen) ein geſtalt mit dem Leib vnd Blut Chri=
ſti im heiligen Nachtmal / das / ob wol Chriſtus
allenthalben gegenwertig / vnnd weder auff noch
abfehret nach ſeiner Menſchheit/der geſtalt/ wie er
zu der Rechten der Allmechtigen Krafft Gottes
ſitzet / nicht deſt weniger ſo würcket er mit dem
Brot des Abendtmals ettwas / das er ohn daſſel=
big nicht würcket/vnd auff ſolliche geſtalt mit dem
Brot gegeben würdt / der geſtalt er ohn das Brot
des H. Abendtmals nicht gegeben würdt.

Das ſie aber ſagen / ſolliches wolten ſie von dem
Leib Chriſti / das iſt / von der Menſchheit Chriſti
auch gern zugeben/ wann es mit derſelben ein glei=
che geſtalt hette/ wie mit dem H. Geiſt. Dann der
heilig Geiſt ſey ein vnendtlich Weſen/vnd demnach
zuuor allenthalben gegenwertig/ehe er ſeine Gaben
den Leüten mittheile/das iſt/ in jhnen würcke / die
Menſchlich Natur aber in Chriſto ſey vñ bleib ein
Creatur/ wölche zu einer zeit nicht könde mehr dañ
an einem ort ſein/vnnd die heilig Schrifft beſchreib
die Menſchlich Natur allenthalben endtlich / da=
rumb es Chriſto nach ſeiner Menſchlichen Natur
auff keinerley weiſe mög zugelegt werden/das er al
lenthalben gegenwertig ſeie.

Die heilige
Schrifft be=
ſchreibt Chriſtū
nach ſeiner
Menſcheit nicht Darauff iſt jhnen vil vnd offt geantwortet / das
ſie noch jren Chriſtlichen Glauben nicht wiſſen/der
vns Chriſtum nach ſeiner Menſchheit beſchreibt/
das er ſitze zur Gerechtē der Krafft vnd Maieſtet
Gottes/das iſt/das er eingeſetzt ſey in ein vnendt=

ſeg. liche

liche Maieſtet/nach wölcher er mit Gott allenthal-
bē gegēwertig iſt/alles gegenwertig regieret vñ ver
waltet. Diſe Gerechte Gottes iſt kein endtlicher/
vmbſchribner ort/ſonder die vnendtlich/Allmechtig
Krafft Gottes / in wölche Chriſtus nach ſeiner
Menſchheit/nicht zum halben/dritten/oder vierten
theil / ſonder zů der gantzen völligen vnd vnendtli-
chen Krafft Gottes geſetzt iſt.

Allwegen endt-
lich.

Die ſolten ſie antworten / vnd anzeigen / auß der
heiligen Schrifft/das die Gerechte Gottes ein ge-
wiſſer ort im Himmel ſey. Aber ſie köndens nicht/
darumb lauffen ſie füruͤber/vnd antworten nichts/
ſo doch der gantz handel auff diſem ſtuck beſteht/
vnd wir ſie offt vnnd vil deſſen erinnert/das ſie vns
da ein lauter antwort geben/vnd dieſelbige mit hei-
liger Schrifft erweiſen ſollen./ haben aber bißher
keine von jhnen bringen mögen.

Die Heydelber-
ger wöllen nit
antworten/ob
die Gerechte
Gottes ein ge-
wiſſer ort im
Himml/oder
die vnendtlich
Krafft Gottes
ſey.

Derhalben/weil gnůgſam vnd vberflüſſig erwi-
ſen/das/ob wol Chriſtus nach ſeiner Menſchheit
nicht der geſtalt allenthalben gegenwertig ſey / wie
der heilig Geiſt/ſo hab er doch ſolches auff ein an-
dere weiſe / nämlich durch das ſitzen zur Gerech-
tē der vnendtlichē Krafft Gottes/ die ſich nit thei-
len laßt/ vñ wo dieſelbig iſt/auch Chriſtus nach ſei-
ner menſcheit ſein můß/auff art der Gerechtē Got-
tes/ vñ gar nicht auff ein fleiſchliche/leibliche/jrdi-
ſche weiſe.

So iſt auch erwiſen/das das mündtlich eſſen des
Leibs Chriſti geſchehen könde ohn das fleiſchlich
einſchieben/ dauon die Heydelbergiſchē Theologen
reden/vnd alſo zumal wol neben vnd bey einander
H   beſtehn

beſtehn mag/jtza ſoll vnd muß/ das zuuor Chriſtus
nach ſeiner Menſchheit/ vermög des Articuls des
Glaubens / vom ſitzen zur Gerechten Gottes/ge-
genwertig ſeye : vnnd nicht deſtoweniger mit Brot
vnd Wein ſein Leib vnd Blůt im heiligen Nacht-
mal gegeben vnd einpfangen werdē/in maſſen vom
H. Geiſt geredt/ vnd durch die gleichnuß der Son-
nen glantz erkläret worden/ das derſelbig zuuor ge-
genwertig/vnd in den Apoſteln ſey/vnd doch jhnen
zum andern mal gegeben würdt.

   Darumb wöllen die Heydelberger hinfüro mit
diſen groben vñ fleiſchlichen reden vom einſchieben
des Leibs Chriſti/ vnſer verſchonen/vñ gedencken/

Die Heydelber-
ger entſchuldigē
vns ſelbſt/ das
wir kein Caper-
naitiſch eſſen im
H. Nachtmal
halten/vnd be-
ſchuldigen vns
doch bald wider-
umb deſſelbigē.
Pag.76.

das ſie deßbalben ſchwere Rechnung an jenem tag
geben müſſen. Dann ſie ſelbſt ettlich mal vns diſes
Capernaitiſchen vnnd fleiſchlichen eſſens oder ein-
ſchiebens halben entſchuldigen / derwegen ſich
nicht vnbillich zuuerwundern/ das ſie vns ſolli-
ches anderſtwo / vnnd vilfeltig zulegen/ vnnd
dardurch menigklichen von vnſer Lehr abwenden
wöllen.

   Das ſie aber fürgeben / ſo bald das eingehn des
Leibs Chriſti in vnſern leib hindan geſetzt/ ſo bleibe
den glaubigen nichts/ dann die geiſtlich nieſſung
Chriſti/ neben der nieſſung des Brots vnd Weins/
den vnglaubigen aber nichts dann Brot vnd Wein
zů jhrem Gericht vnnd Vrtheil/ Vnnd ſo auch die
Vbiquitet drauſſen gelaſſen/ durch wölche das
mündtlich eſſen nicht erhalten/ ſonder vil mehr
außgeſchloſſen würdt/ ſehen ſie nicht / warumb
diſe Spaltung zwiſchen vns nicht auffgehaben,

fein folte. Darauff geben wir nachuolgende Ant=
wort.

Erſtlich / das wir kein ſolch eingehn des Leibs
Chriſti in vnſern Leib glauben noch lehren/wie vns
die Zwinglianer aufftrechen/in maſſen allererſt an=
gezeigt.

Zum andern/iſt lauter erwiſen/das die Maieſtet
Chriſti nach ſeiner menſchheit zur Gerechtē der vn=
endtlichen Krafft Gottes nicht allein nicht auß=
ſchlieſſe / ſonder vil mehr beſtettige das mündtlich
eſſen des Leibs Chriſti/ſo im H. Nachtmal beſchi=
het/vñ das der Heydelbergiſchen Theologē/Argu= Pag.73.
ment vñ Schlußred dißfalß gar nichts gelt / da ſie Widerlegung der H. Heidelberger fürnembſtē Arguments/ vñ die Maieſtet des Menſchen Chriſti.
alſo ſchlieſſen:Was allenthalbē gegenwertig iſt/das
würdt nicht von einem ort zuu andern bewegt:
Der Leib Chriſti aber iſt nach des gegentheils für=
geben allenthalben : Darumb volget/ das er keins
Wegs auß der Hand in den Mund / mit oder in
dem Brot/oder auch einiger Weiſe in den Leib ei=
nes Menſchen eingebe.

Dann eben auff ſolche weiſe wolten wir auch vn=
widerſprechlich beweiſen / das weder Chriſtus ſei=
nen Apoſteln den heiligen Geiſt auff den Pfingſtag
geſandt/noch die Apoſtel denſelbē empfange habē/
nämlich alſo : Was allenthalben gegenwertig iſt/
das kan nicht erſt in ein Menſchē komen/in dem es
zuuor iſt : Der heilig Geiſt iſt allenthalben gegen=
wertig / vnnd alſo auch in den Apoſteln : Darumb Joh.20.
ſo kan er nicht erſt am Pfingſtag den Apoſteln
vom Himmel geſandt werden/demnach iſt es nicht
war/ das Chriſtus / da er ſeine Jünger angeblaſen

H 2 vnnd

vnd gefagt hat/Nemet hin den heiligen Geiſt/ jnen
denſelbigen warhafftig geben hab / oder ſie denſel=
bigen von jhm empfangen/dann wie könden ſie erſt
nemen/das ſie zuuor haben? Item es iſt nicht war
(jr meinung nach)) das Lucas ſchreibt: Es ſey am
Pfingſtag ein brauſen vom Himmel / als eins ge=
waltigen Winds kommen/vnd das Hauß erfüllet/
da die Jünger ſaſſen/vnnd der heilig Geiſt ſetzt ſich
auff ein jeglichen vnder jnen. Item Chriſtus müß
nicht recht reden/ da er ſeinen Jüngern verheiſſet/
er wölle jhnen den heiligen Geiſt erſt ſenden/ dann
der Heydelberger Theologia nach/wie kan der hei=
lig Geiſt vom Himmel auff Erdē geſandt werden/
ſo er zuuor auff Erden vnd allenthalben iſt? Item
es müß nicht war ſein/ das der Euangeliſt ſchreibt/
der heilig Geiſt ſey als ein Taub vom Himel auff
Erden herab gefahren/ dann wie kann er auff Er=
den fahren/ſo er doch zuuor auff Erden vnd allent=
halben iſt? Auß diſen erzelten Exempeln ſihet der
Chriſtlich Leſer leichtlich/wie gar der Heydelber=
ger Theologen Argument (ſo ſie auß der gegen=
wertigkeit des Leibs Chriſti in allen orten/ wider
die mündtliche nieſſung deſſelben im H. Abendt=
mal / füren) deren nichts nimbt oder abbricht / ſo
wir im H. Nachtmal glauben vnd halten.

Dann wie das herab fahren des H. Geiſts vom
Himmel/ vnnd ſein immer wehrende vnbewegliche
Gegenwertigkeit in allen orten neben einander be=
ſtehn mögen/ Alſo mögen auch neben einander be=
ſtehn/die immerwehrende vnbewegliche Gegenwer=
tigkeit Chriſti nach ſeiner Menſchlichen Natur an
allen

allen ozten / der geſtalt/wie er geſetzt iſt zů der vn-
endtlichen Krafft der Rechten Gottes/ vnnd das
geben ſeines Leibs durch die hand des Dieners
mit dem Brot/vnd mündtliche empfahung deſſel-
ben im H.Sacrament/in maſſen durch die Gleich-
nuß der Sonnē glantz/ vñ des Brennſpiegels/ hie-
uoz vnd in der erklärung angezeigt iſt. Das würdt
kein Heydelbergiſcher Theologus in ewigkeit nim-
mer mehz vmbſtoſſen können.

Dieweil dañ ſie/ die Heydelbergiſche Theologē/ Die Wirten-
bergiſchē Theo-
loge ſeindt noch
nicht einig mit
den Zwinglia-
nern.
ſolche Maieſtet des menſchen Chriſti mit vns nicht
bekennen wöllen / ſonder dieſelbige haßſtarrigklich
widerfechten/ wölche ein grundtfeſt ſeiner gegen-
wertigkeit im heiligen Nachtmal iſt (dann da er
nicht für vnd für vnbeweglich nach art Göttlicher
Gerechten gegenwertig were/ ſo müſte Chriſtus
mit ſeinem Leib nichts anderſt thon/dann auff vñ
ab/ von einem ozt an das ander fahzen) ſo ſeind die
Heydelberger vnnd wir ſo wenig einig/ ſo wenig
die Rechte Gottes / vnnd ein gewiß ozt / ein ding
ſeind.

Demnach was ſie von der geiſtlichen nieſſung Die Heydelber-
ger glaubē kein
ware Gegen-
wertigkeit des
Leibs Chziſti im
H.Nachtmal.
des Leibs Chziſti reden / nichts dann ein Spiegel-
fechten vnnd leere wozt ſein. Dann ſie halten kein
warhafftige Gegenwertigkeit des Leibs Chziſti/
wie wir dzoben mit jren eignen wozten auff ſie er-
wiſen. Darumb heiſt jhnen die geiſtlich nieſſung Was die Hey-
delberger durch
die Geiſtlich
Nieſſung ver-
ſtehn.
nichts anders / dann glauben an Chziſtum / das
er vns mit ſeinem Leib vnd Blůt erlöſet hab/ wöl-
liches auch ohn das heilig Nachtmal geſchehe/
wie ſie offentlich ſchzeiben. So es doch offenbar/

H 3 das

das Chꝛiſtus vom eſſen redet ſeines Leibs/ vnnd
nicht vom Glaubē/wölche zwey ſtuck/nåmlich das
eſſen des Leibs Chꝛiſti im Sacrament/ vñ glaubē
an Chꝛiſtum/ weit vnderſcheiden ſeind. Vñ weil die
vnbüſſfertigē kein glauben habē, ſo halten vñ glau=
ben die Heydelbergiſchen Theologī auch nicht/das
Chꝛiſtus denſelben gegenwertig ſeye/ ſonder das ſie
weitters nichts / dann Bꝛot vnnd Wein haben/
das iſt / kein Sacrament mit dem Mund emp=
fangen/ſo doch Chꝛiſtus jnen/als ein Richter gleich
ſo wol gegenwertig iſt/ vnd von jbnen zum Gericht
empfangen würdt/als von den glaubigē zum Heil/
Troſt vnd ewigen Leben.

Diß haben wir darumb etwas weitleüfftiges
anregen wöllen/auff das der Chꝛiſtlich Leſer ſehe/
wie gar der Heydelberger Theologen jrꝛthumb on
allen grund der Schꝛifft / allein auff ein euſſerlich
ſcheinbar fürgeben geſtellet/ ſo dem Glauben vnnd
der H. Schꝛifft offentlich zuwider: Vnd dagegen
vns eines abſchewlichē einſchiebēs des Leibs Chꝛi=
ſti in vnſern Mund vnd Leib zeihen / das von vns
weder geglaubt noch gelehrt / darzū ſo deutlich vil
vnd offt erkläret worden / das ſie ſich billich diſer
löſterung enthalten ſolten.

Wir haben an
Doctor Luthers
grund noch nit
verzaget/ auch
kein newē grūd
die gegenwer=
tigkeit Chꝛiſti
im Nachtmal

Auß wölchem allen nun lauter erſcheinet/ das
wir ſo gar nicht an D. Luthers grund (wie die
Heydelberger fürgeben)verzweyffelt/ noch ein ne=
wen grund geſücht/das wir auff dem altē vñ vnbe=
weglichen grund für vnd für gebliben/ vñ vermit=
telſt Göttlicher Gnadē/die tag vnſers Lebēs blei=
ben/vñ darvon nicht abweichē können/wir wolten
dann

63

dañ den Articul vnſers Chꝛiſtlichē Glanbens von zuerhalten/ge-
dem ſitzen Chꝛiſti zur Gerechtē der allmechtigē vñ ſücht.
endtlichen Krafft Gottes verlaugnē. Vñ ſeind deſ-
ſen gewiß/ ſo wenig die Heydelberger Chꝛiſtum
nach ſeiner Menſchheit/von der Gerechten der all-
mechtigē/vnendtlichen/vñ alles erfüllendē Krafft
Gottes abſetzen könden(die an ſtat diſer Gerechten
ein oꝛt im Hiñel trawmē/)ſo wenig werden ſie vn-
ſer Lehꝛ/von der Perſon Chꝛiſti/ vñ ſeines Leibs
vñ Bluts warhafftigen gegenwertigkeit vnd auß-
ſpendung deſſelben mit dem Bꝛot des H. Abent-
mals vmbſtoſſen mögen/deſſen ſeind wir durch die
Gnad des Allmechtigen gewiß / vnnd werden ſich
rechtglaubige vñ Gottsföꝛchtige Chꝛiſten anderſt
nicht weiſen laſſen.

Das ſie auch weiter ſchꝛeiben/es könde Chꝛiſtus Ob Chꝛiſtus
nach ſeiner Menſchheit/den H. Geiſt nicht geben/ nach ſeiner
das iſt zumal gantz grob geſpunnen. Dann es ſagt Menſchheit
je diſer Menſch Chꝛiſtus:Wann ich hingebe/ſo will den H. Geiſt
ich euch den Tröſter ſenden / der hingehet / eben geben könne.
derſelbig verheiſſet jhnen den heiligen Geiſt zuſen-
den.

Vnnd volget darumb nicht/ das der heilig Geiſt
vnder die Creatur geſetzt/ vnnd weniger were dañ
Chꝛiſti Menſchheit/ dann alſo hat es auch dem
heiligen Geiſt gefallen/ wölcher vom Son Got-
tes auffgehet/ das er durch diſen Menſchen Jhe-
ſum mit vns händlen will zum ewigen Leben.

Vñ iſt hie ſonderlich jr mutwill zumercken/ das
ſie reden/ der Leib Chꝛiſti geb den H. Geiſt nicht/
wie.

wie auch sein Seel. Wer hat aber femals also ge=
redt? oder geschriben? Aber solches erdichtē sie dar=

umb/das der Leser auff dise grobe Reden achtung
gebe / als redten vnnd lehrten wir also / darmit sie
vns verhasset machen/vnd sie mit jren Jrrthumben
durchschlupffen möchten. Dann wir sagen nicht/
das weder der Leib noch die Seel Christi den heili=
g'n Geist gebe/sonder Christus/vnd dasselbig nicht
allein als Gott/ von dem er außgeht / sonder auch
als ein Mensch. Dann Gott der heilig Geist / der
von Ewigkeit vom Vatter vnd Son Gottes auß=
geht/ehe der Mensch Christus geborē / der will mit
den Menschen nicht handlen zum ewigen Leben/
dann durch disen Menschen / vnd vmb dises Men=
schen willen / darumb auch diser Mensch im alten
Testament durch die Opffer hat müssen abgebil=
det werden/ das den Vättern vmb dises Menschen
willen/ der allererst geborn werden solt / alle Gnad
von Gott dem Herrn durch den heiligen Geist wi=
der füre. Nachdem dañ die Heydelbergische Theo=
logen dem Menschen Christo auch dise Maiestet
absprechen/das er den heiligen Geist nicht gebe/son
der solches allein der Gottheit zuschreiben / dörffen
sie die Gnad mit vns nicht theilen/ die der Geist
Gottes on disen Menschen in jnen würcken soll.
In dise Jrrthumb zumal alle vñ andere schröck=
liche noch mehr fallen die Heydelbergische Theolo=
gen / weil sie die Maiestet vnsers Herrn Christi zur
Gerechten der Krafft Gottes nicht wöllen erken=
nen/ sonder derselben halsstarrig widersprechen.

Mutwillige
Es ist auch die mutwillige verkerūg des spruchs
S. Pauli

S.Pauli zůmercken/ (Christus sey über alle Him= verkerung der Sprüch der H= Schufft.
mel gefaren/ auff das er alles erfülle) so hie die
Heydelberger gebrauchen. Dann so man sie fragt/
Ob Christus nach der Gottheit oder nach der
Menschheit gehn Himmel gefaren sey/ antworten
sie/ nach der Menschheit/ wann man sie dann weit=
ter fragt/ nach wölcher Natur er alles erfülle/ sa=
gen sie/ nach der Göttlichen/ darbey abzůnemen/
wie greifflich sie disen Spruch verkeren. Dann S.
Pauli Wort vermögen klar/ das eben der/ der hin=
auff sey gefaren über alle Himmel/ vnd das nicht
nach der Gottheit/ sonder nach seiner Menschheit/
eben derselbig erfülle alles/ vñ sey darumb über al=
le Himmel gefaren/ das man jn nicht an einem ge=
wissen Ort im Himmel suchen solt/ sonder glauben/
das er nun alles nach art der Göttlichen Gerechte/
auch als ein Mensch erfülle/ vnnd vermög seiner
verheissung bey vns auff Erden biß an das end der Matth. 18. 20.
Welt sein wölle vnd bleiben.

Das sie vns dann abermals vnd von newem wi= Die Würtenber gische Theologe werdē vnbillich der alten vnd vor langst ver= dampten Ke= tzereyen beschul= digt.
derumb beschuldigen der verdampten Ketzereyen
Nestorij/ Eutychetis/ Martionis vñ dergleichen/
von disen allen wöllen wir vns vmb der geliebten
kürtze willen auff vnser jüngst beschehene Erklä=
rung gezogen haben/ da wir dann nicht mit Wor=
ten vnd blossem Nein/ sonder außfürlich/ vnd mit
bestendigem grund der heiligē Schrifft dargethon/
das solches ohn allen grund auff vns erdichtet seye.

Dann wider Nestorium glauben/ lehren vnd be= Die Würtenber gische Theologe seind nicht Ne= storianer.
kennen wir/ das die Göttliche vnd menschliche Na=
tur in Christo/ durch ein heimliche/ vnd menschli=

J   chem

dem Verstand vnerforschliche verbindung/ein vnzertrennte Person seyen / in wölcher beider Natur
Wesen / Eigenschafften vnd Würckungen vnderscheiden/ aber nicht getrennet werden / sonder miteinander alles würcken. Vnd also nicht zwen Christus machen/ sonder ein einigen Christum/vñ nicht
in jm ein erschaffne Gottheit dichten / die am Wesen / Eigenschafften / vnd Würckungen der ewigen
Gottheit gleich/ sonder ein einige ewige Gottheit in
Christo bekennen / wölche in diser personlichen
Vereinigung all jr Weißheit / Krafft vnd Macht
gantz völlig der angenommenen Menschheit mitgetheilt hat : wie solches droben weitleufftig gnüg
erkläret worden.

Die Württenbergische Theologē
haltens nicht
mit den Eutychianern.
Wider Eutychen lehren wir/das in Christo nicht
nur ein / sonder zwo Naturen sein / in jrem Wesen
vnnd wesentlichen Eigenschafften vnderscheiden/
vnd in disem allem einander vngleich sein vnd bleiben in Ewigkeit/ das nämlich die menschlich Natur in die Göttlich nimmermehr verwandelt / sonder sey vnd bleib ein menschliche Natur / vnangesehen/ das sie mit aller Maiestet/ Weißheit/ Gewalt/
vnd Herrligkeit Gottes gezieret/das Christus auch
nach seiner Menschheit alles weist vnnd handelt/
das Gott weist vnd handelt/ gleich wie es dem Eysen/an seiner Substantz/ Natur vnd Wesen nichts
nimpt/das es durch vnd durch fewrig vnd mit dem
Fewr einerley Würckung hat/ daß es ist vnd pleibt
doch ein Eysen/ Durch wölche Gleichnuß die liebe
Vätter diß Geheimnuß erkläret haben.

Vnd hat hie gar nicht die meinung/ das der Gegentheil

gentheil fagt / folliche Bekanndtnuß fey eben/als
wañ einer fagte vom waffer/das es nicht naß / vnd
von Natur kalt/fonder trucken vnd heiß / als das
fewr were. Dann wie das Waffer / fo von Natur
kalt iſt / kan auff fein weife/heiß werden/vnd bleibt
doch Waffer / Alfo kan auch die Menſchlich Na-
tur in die Maieſtet erhöhet werden / die fie nicht iſt
in frem wefen / vnnd bleibt doch ein warhafftige
Menſchliche Natur / wölcher die Gottheit nicht
ein theil jres gewalts mitgetheilet / das fie groß-
mechtig oder vilmechtig worden / (wie Mofes Erod. 7.
vber den Pharao großmechtig gewefen / vnnd
ein Gott des Pharao genennet würdt) fonder hat
jr allen Gewalt perfonlich mitgetheilet / das fie in
Chriſto Allmechtig iſt worden : Alfo auch alle
Weißheit / das Chriſtus nach feiner Menſchheit/
nicht allein vil oder mehr dann alle Menſchen o-
der Engel / fonder alles / alles weiſt / vnnd das
nicht nach vnnd nach erſt lehrnen müß (wie die
Heydelberger fchreiben / das fie nicht mehr wiffe/
denn fo vil jhr Gott zů jeder zeit offenbare /) fon-
der alles auff ein mal weiſt / auch was vergan-
gen vnnd zukünfftig iſt/vnnd alfo Chriſto nach fei-
ner Menſchheit auch nichts verborgen/ vnd bleibt
doch in feiner Subſtantz / Natur vnnd Wefen ein
warhafftiger Menſch / vmb würdt darumb nicht
die Menſchlich Natur in die Göttlich verwandelt.
Dann Chriſtus alle ding nach feiner Menſchli-
chen Natur anderſt weiſt / fihet vnnd höret / han-
delt vnnd würcket / dann nach feiner Göttlichen

J 2   Natur

68

Natur/ vnnd doch beyde miteinander/ on vermi-
schung oder zertrenung der Naturē. Wie dann die
Apostel die Wunderzeichen/nicht im namē der blos-
sen Gottheit/sonder im namen Jesu/ das ist/ des
gantzen Christi/als Gottes vnd Menschen gethon/
wölcher Mensch warhafftig alle Wunderzeichen
durch jre der Apostel Hånd gewürcket hat.

Die Würtenber-
gischen Theolo-
gen haben mit
Martionis Be-
tzerey nichts
zuthůn. Auß wölchem auch klar vnd offenbar/ wie gar
wir mit des Martionis Ketzerey nichts zuthůn
haben/dieweil wir glauben vnd bekennen/ das die
menschlich Natur in Christo/ durch dise mitge-
theilte Maiestet nicht verschluckt oder abgetilget/
sonder vber alle Creatur erhöbet/vnd neben Gott
in der Person Christi zur rechten des Vatters in die
vnendtliche Krafft Gottes eingesetzt sey/ wie der
Articul des Glaubens(Er sitzt zur Gerechtē Got-
tes des Allmechtigen Vatters) gewaltig vñ vnwi-
dersprechlich bezeuget: vnd derwegen der verdamp-
ten Ketzerey des Martionis mit dem wenigsten
nicht verwandt/ auch dieselbigen nicht mit worten
allein/ wie sie sagen/ von vns schieben/ sonder mit
der that vnd in der warheit vns derselben vnschul-
dig wissen/ die wir ein warhafftige/ wesendtliche/
menschliche vnnd ewig bleibende Natur in Christo
bekennen.

Es volget auß
der Wür enber-
ger Lehr nicht/
das der Vatter
vnd H.Geist
Mensch worde
seye. Pag. 114. Deßgleichen volget auß mittheilung diser Maie-
stet/ so der menschlichen Natur in Christo wider-
fahren/eben so wenig/ das darumb auch Gott der
Vatter vnd H. Geist Mensch worden sein müßte/
als wenig es von wegen einigkeit des Göttlichen
Wesens volget/ das auch der Vatter vnnd heiliger
Geist

Geist gelitten oder gestorben sein solten/dañ solches
alles in der Person Christi/ vñ nicht in der Person
des Vatters vnd H. Geists geschehen. Vnnd die=
weil diser handel in vnser Erklärung gnügsam vnd **Pag.95.**
so lauter tractirt/ das es ferner Erklärung nicht
bedarff/wöllen wir vmb kürtze willen den Christli=
chen Leser daselbst hin gewisen haben.

Dargegē aber so schreibē wir mit grund der vn= Die Heydelber=
widersprechlichē warheit von dē Heydelbergischen ger lehren offent=
Theologen/das sie mit offentlichen/hellen/klaren/ lich von Christo
vnd vnglosierten worten des Nestorij/in dem Con= rianisch.
cilio zů Epheso verdampte Ketzerey/ bekennen/ auff gůt Nesto=
glauben vnd lehren/vñ in diser jrer letsten Schrifft
vilmal erholen.

Dann sie schreiben in diser jrer letsten Antwort " **Pag. 90.**
offentlich: Die personliche Vereinigung erfordere "
nicht/das die Gottheit alles durch die Menschheit "
würcke. Item/wann Christus Miracul thůe/eben " **91.**
so wol die Gottheit ein andere würckung habe/dañ "
die Menschheit/als wann sie durch andere Men= "
schen geschehen. Item/ das die Göttlich Natur " **51.**
ettlichs würcke ohn zůthůn seiner Menschheit/in "
dem/das der Gottheit allein zůsteht: Oder durch "
zůthůn der Menschheit/in dem/darzů sein Mensch "
liche Natur erschaffen. Item/ das die Gottheit " **93.**
durch sich selbst würcket/ was jr eigen/vnnd jhr "
allein zůgehörig ist/durch die angenomene mensch= "
heit aber/ was die Natur vnnd art der waren "
Menschheit leydet. Item/(sagen sie)das die Gott= " **Pag. 93.**
heit alles würcke durch zůthůn der Menschheit/als "
durch jren Werckzeug/vnd derhalben die Mensch= "

J 3 heit//

»»beſt thůe alles / iſt vnrecht / vnnd der Schrifft /
»» vnnd allem grund Chriſtlicher Religion zuwi=
»» der.

So bald nun / Chriſtlicher Leſer / diſe jr Lehr /
Glauben vñ Bekandtnuß (da ſie ettliche würck un=
gen der Göttlichen Natur Chriſti / auch nach ſeiner
Himelfart vñ ſitzen zur Gerechtē der allmechtigen
Krafft Gottes / zůſchreiben / die ſie durch ſich ſelbſt
allein thůe / ettliche aber mit zůthůn der Menſch=
lichen Natur) gegen dem vierdten Canon des
Concilij zů Epheſo wider Neſtorium gehalten / ſo
würſtu finden / das diſe jr Lehr / als des Neſto=
rij Ketzerey / in ermeltem Concilio verdampt wor=
den: Der Canon lautet alſo: Si quis in perſonis dua=
bus vel ſubſiſtentijs eas Voces, quæ in Apoſtolicis
ſcriptis continentur, & Euangelicis, diuidit, vel quæ
de Chriſto dicuntur à ſanctis, vel ab ipſo, & aliquas
quidem ex his velut homini, qui præter Dei ver=
bum ſpecialiter intelligatur, aptauerit, illas autem
tanq; dignas Deo, ſoli Dei patris VERBO de=
putauerit, anathema ſit. Das iſt: So jemand in
zweyen Perſonen die Sprüch / wölche in der Apo=
ſtel vnd Euangeliſten Schrifften begriffen / ſo eint=
weder durch die Heiligē / oder durch Chriſtum ſelbſt
geredt worden / von Chriſto lauten / der geſtalt auß=
legen wolt / das er ettlich derſelben auff den Men=
ſchen / der ſonderlich ohn das Wort verſtanden
wůrdt / ziehen / die andern aber / als die Gott zůge=
hörig / allein dem ewigen Wort des Vatters zů=
eignen wolt / der ſoll verflůcht ſein.

Canon 4.

Nun

Nun iſt aber deutlich dargethon / das die Heyz
delbergiſche Theologen/ in außlegung der Sprüch
von Chriſto ettliche würckungē allein der Gottheit
zulegē/ vñ gar nicht der menſchheit/wie drobē gnüg
ſam angezeigt/So iſt hierauß vnwiderſprechlich of
fenbar/das ſie zwen Chriſtus/ vnd zwo perſonen in
Chriſto machen / in dem einen würcket Gott vnnd
Menſch miteinander / in dem andern aber wür=
cket allein die Gottheit. Dann außtruckenlich / ſa=
gen/ ſchreiben vñ widerholen ſie/ die Gottheit wür=
cke nicht alles durch die Menſchheit / nicht alles/
ſagen ſie/ſonder nur ettlichs. Item/ Chriſtus nach
ſeiner Menſchheit/ auch nach ſeiner Himmelfart/
wiſſe nicht alles/was er nach ſeiner Gottheit wiſſe/
ſonder allein ſouil/als er wölle.

Darumb laſſen wir alle Chriſten vrtheilen / ob
wir vnbillich ſie/ die Heydelbergiſchen Theologen/
als offentliche / vnnd mit jhren eignen Schrifften/
ſonderlichen aber diſer letſten jhrer antwort / vber=
wiſne Neſtorianer angezogen/die rund vnd behart=
lich lehren vnnd bekennen/ das die Gottheit nicht
alles / ſonder nur ettlichs durch die Menſchheit
handele / ettlichs aber durch ſich ſelbſt allein/
vnnd nicht durch die angenommene Menſch=
heit.

Darbey auch der Chriſtlich Leſer abzunemen/
mit was grund ſie von vns außgeben / als ſolten
wir diſe ergerliche Spaltung verurſacht haben/
die wir not halben gedrungen worden / ſollicher
Neſtorianiſcher Ketzerey (ſouil an vns iſt) zu=
begegnen/ die vns Chriſtum nicht allein im heili=

Sie Beydelber=
ger beſchuldigē
vns vnbillich/
als ob wir diſe
Spaltūg erregt
soltē habē/ deren
ſie zwiſchen vns
vñ jnē anfünger
gen ſeien.

heiligen Abendtmal/ſonder auch in allen würcken
gen/ ſo er mit vns auff Erden würcket vnnd han
delt / trennen / vnnd an ſtat des gantzen Chriſti ein
halben Chriſtum darſtellen/ vnd alſo den warhäff
tigen Chriſtum mit ſeinem Leib vnnd Blůt auß
dem Nachtmal/(ſouil an jnen iſt)entziehen / Dar
zů ein Chriſten Menſch/ beſonders aber die Diener
des Worts/ nicht ſtillſchweigen können noch ſollen.

Aber es iſt diſer Leüt art/ wann ſie den vnfriden
angefangen / vnnd man ſich gegen jhnen zur wehr
ſtellet / ſo rüffen ſie / frid / frid / vnd klagen hefftig
vber den vnſchuldigen theil / als die anfenger des
ſtreits/ den doch ſie ſelbſt erreget haben. Dann man
weißt zů gůtter maſſen / wie im anfang des wider
geoffenbarten Euangelij von der Subſtantz des
heiligen Nachtmals/ Chriſtlich vnd eintrechtig bey
vnſerm theil gelebret vnnd geglaubt worden: wöl
che einigkeit/ die Zwingliſche / mit groſſer verbin
derung des Euangelij vnd ſchädlichem Ergernuß
der Schwachglaubigen zertrennet vn zerriſſen/ in
dem ſie die warhafftige Gegenwertigkeit des Leibs
vnnd Blůts Chriſti zulaugnen/ vnnd derſelben zu
widerſprechen angefangen. Deßgleichen / wer new
licher zeit im Teütſchland an denen orten/ da zuuor
Chriſtlich vnd einfaltig / vermög der wort Chriſti
(das iſt mein Leib)die warhafftig/ weſendtlich Ge
genwertigkeit des Leibs Chriſti gelebt vnnd ge
glaubt worden / von newem wider dieſelben diſpu
tirt/ vnnd die Kirchen Chriſti hin vnnd wider mit
der Zwingliſchen opinion jrr gemacht/ das ligt der
maſſen am tag/ das es keins ſchreibens oder bewei
ſens

Die Zwingli
ner haben mit
groſſer zerrittůg
vnd vnwider
bringlichem ſcha
den/ den ſtreit
vom heiligen
Nachtmal zů
vnſer zeit in
Teütſchlanden
erweckt.

fens bedarff/vnd werden die Zwinglianer / als an=
ftiffter difer vneinigkeit jr vrtheil vor Gott auß=
ftehn müffen / deffen wir vns im wenigften nicht
förchten / fonder für daffelbig vns / neben dem vr=
theil der Chriftlichen Kirchen/ allwegen berüffen
haben vnd noch.

Sie fchreiben am end difer jrer letften Antwort/ Pag.128.
da wir wöllen / das der Leib Chrifti alfo im Brot Die Beydelber=
mündtlich geeffen werde/wie der H. Geift in Tau= ger ftellen fich
ben geftalt oder Fewrflamen von Himmel in die A= als ob fie eines
poftel fehret / fo fehen fie nicht / warumb nicht der frides begürig/
fchädlich ftreit auffgehaben/vnnd Chriftliche/lang ift ihnen aber
gewünfchte einigkeit mit heil vnnd frewd der be= nicht ernft.
trübten Chriftenheit/einmal erlebt folt werden.

Ob aber folches jr ernft fey oder nicht / das hat Die Beydelber=
der Chriftlich Lefer / bey jren eigen worten gnüg= ger fpotten der
fam zuuerftehn. Dann als wir dife Gleichnuß zur Chriftenheit.
Erklärung der gegenwertigkeit des Leibs vnnd
Blüts Chrifti im heiligen Nachtmal gebraucht/
haben fie angezeigt / fie könde keins wegs hie ftat
haben/dann der heilig Geift fey ein vnentlich we=
fen/vnd darumb allenthalben/vnd alfo auch in der
geftalt der Tauben : Aber die Menfchlich Natur
in Chrifto fey endtlich vnnd vmbfchriben / vnd fey
zumal nicht mehr daß an einem ort. Darbey abzu=
niemen / das dife Theologen ein fchwache gedächt=
nuß haben oder / vnfer vnnd der gantzen Chriften=
heit fpotten/ das fie an eim ort ein ding verwerffen/
am andern ort aber eben daffelbig als ein mittel
des fridens/vnd der einigkeit fürfchlahen.

Vnfer meinung aber hierauff ift dife : Wann fie Wann die Bey=
                K   warhafftig delberger glau=

ben/das Chꝛiſti
Leib alſo im
Nachtmal ſey/
wie der heilig
Geiſt bey der
Tauben/ſo
wiirdt jnẽ fer-
ner von vns nit
widerſpꝛochen
werden.

warhafftig mit Hertzen vnd.Mund bekennen/das
der Leib Chꝛiſti im Bꝛot des Abendtmals/ nach
art der Gerechten Gottes/ ſey/wie der heilig Geiſt
in der geſtalt der Tauben vnnd Fewꝛflammen / das
wir mit jhnen von der warhafftigen gegenwertig-
keit des Leibs vnnd Blüts Chꝛiſti im H. Nacht-
mal vns nicht lenger zweyen wöllen. Dann der H.
Geiſt iſt mit ſeiner Subſtantz vnnd Weſen bey der
Tauben gegenwertig geweßt / darumb auch Jo-
hannes ſagt: Ich ſahe den heiligen Geiſt / ꝛc. Vnd
vmb ſolliche Gegenwertigkeit des Leibs vñ Blüts
Chꝛiſti haben wir biß daher geſtritten / wölche die
Heydelberger beharꝛlich/für vnd für/ auch in diſer
letſten antwoꝛt gelaugnet/ vnd dieſelbige vnder di-
ſer Gleichnuß/ widerfochten haben / wie droben
gnugſam angezeigt/vnd jr einred gründtlich wider-
legt iſt woꝛden.

Darumb/iſt jhnen ernſt zum Chꝛiſtlichen friden
vnnd einigkeit/ ſo laſſen ſie jre phantaſeien von der
Rechten Gottes/als einem vmbſchꝛibnẽ oꝛt/fallen/
vnd pꝛedigen mit vns den Menſchen Chꝛiſtum zur
Gerechten der vnendtlichen Maieſtet vnd Krafft.
Gottes allenthalben gegenwertig / der geſtalt er
weder auff noch abfehꝛet/ vnnd alſo im Bꝛot vnnd
Wein gegenwertig ſein Leib vñ Blüt/ vns im Sa-
crament/auff ein beſondere weiſe / wölches auſſer-
halb den H.Abendtmal nit beſchicht / mittheilt/
ſo warhafftig/ als warhafftig der H. Geiſt / in der
geſtalt der Tauben vñ des Fewꝛflamen geweſen/ſo
ſoll die einigkeit an vns nicht erwinden / ſonder mit
frewdẽ vñ nutz der Chꝛiſtenheit getroffen werden.

Wal

Weil wir aber der Heydelbergischen Theologen meinung hieuoz gnügsam verstanden/ vnd vns keiner vergleichung(da sie auff jrem gefaßtē jrrthumb gedencken zůbleiben/)zů jbnen nunmehz zuuerseben baben / so wöllen wir im Namen des Allmechtigen Gottes dise sach / so wir zů Ehzen dem Herzn Christo/vnd Trost vnnd Lehz seiner armen Christenheit bißdaher wider die Heydelbergische Theologen schzifftlich vnnd mündtlich gefüret/endtlich beschliessen / vnd das Vrtheil allen Rechtglaubigē Christen befelben. Wir hettē auch diser müh vñ arbeit wol vberhebt sein mögen/da nicht vnser gegentheil vns dahin verursacht/ dz angesteckt Fewz mit dem reinen Wozt Gottes zůlöschē/damit die funckē nicht weiter vmb sich stieben/vnd andere Kirchen mit jren jrrthumben nicht vergifftet wurden.

Vñ ob wir wol dise zeit / so wir auff disen Streit wenden müssen/villeicht ein nutzlichere arbeit thůn mögen/dañ disem Hader außwartē: So halten wir doch gäntzlich darfür / es soll auch dise arbeit der Kirchen Gottes angenem sein/vñ derselbigen verhoffenlich zů grossem Trost vnd nutzen gereichen.

Dann was kan einem Christen menschen tröstlicher sein in allen seinē nötten/dañ das er weist / das Christus als ein warhafftiger Mensch vnser fleisch vñ Blůt/ja vnser Brüder/in allē vnsern nöttē/ wir sein wo wir wöllen/ gegenwertig seye: das er in die Allmechtige Krafft Gottes eingesetzt sey: alles als ein mensch/nicht allein wisse/sonder auch vermög/ vnd wölle gegenwertig helffen:

Von diser Maiestet habē jn die Zwinglianer (so

Beschluß der handlung wider die Heydelbergischen Theologē.

Dise Lehz wid die Zwinglianer/ist der Christenheit notwendig vnnd tröstlich.

K 2   uil

Was die Zwinglianer Christo entziehen.

Die Zwinglianer machen auß dem Menschen Christo des Epicuri Gott.

uil an jhnen ist) abgesetzt/vnd darfür / oder an derselben stat zů einer solchē Gerechten Gottes gesetzt/ die ein gewisser hoher ort im Himmel sein soll/da er sein handel mit den Engeln vñ außerwöhlten hat/ vnnd nicht alles mit dem Son Gottes auch auff Erden gegenwertig würcket / sonder hab seine absgesönderte Werck von demselbē/ also/das die Gottheit handle ausserhalb disem Menschen Christo/ auff Erden mit vns armen Menschen/ durch den heiligen Geist / vnnd laß den Menschen Christum im Himmel handlen mit seinen Engeln / vnd außserwöhlten/ seligen Menschen.

Was d Teüffel durch den streit von des Herrn Nachtmal gesůcht.

Das hat der Teüffel durch dē streit von des Herren Nachtmal gesůcht/vnd bats auch schon leyder an ettlichē vilen ortē erlanget/das man von Christo auff Nestorianisch anfahet offentlich zureden vnd schreiben.

Sollichen lösterlichen strthumben sich widersetzen / dieselbige mit Gottes Wort widerlegen/der Christenheit in des gantzē Christi gegenwertigkeit/ jren Trost erhalten/ (sowil ein Mensch durch Gottes Gnad mit seinem Dienst thůn kan/)halten wir auch nicht für ein vnnützlich oder vnnotwendig Werck/wie gesagt/allein zů Ehren Christi/vñ seiner Kirchen Lehr vnd Trost / von vns biß daher gestriben.

Erinnerung an alle Christen von disem Streit.

Vnd wöllen hiemit alle Rechtglaubige Christen erinnert vnnd vmb Gottes willen gebetten haben/ sie wöllen mit fleiß bedencken / vnd wol zů Hertzen fůrē/das diser handel/so sich vber dem H. Abendtmal Christi erhebt / nicht gering noch schlecht zu achten

achten / da es diser zeit nicht allein vmb die gegen=
wertigkeit des Leibs vnd Bluͤts Christi im heili=
gen Nachtmal / sonder auch den rechtglaubigen
Christen/vmb den gantzen Christum/vnd sein war=
hafftige erkandtnuß zuthůn ist / darinnen (wie er
selbst bekennet)das ewig Leben steht / das wir vns Joh.17.
denselben nicht halbirn oder theilen / noch seine
wuͤrckungen von einander absoͤndern lassen/das er
auff Erden ausserhalb seiner Menschheit / das ist/
allein nach seiner Gottheit / halb mit vns handle/
im Himel aber durch vnd mit seiner Menschheit/
gantz seine Werck vnd handel mit den Engeln vnd
Außerwoͤhlten hette/denk er in seinem gulden Ses=
sel/sein Herrligkeit zeige: Sonder gantz vnd vnzer=
trennet/vermoͤg seiner Verheissung vn̄ zůsagung/
in seinem Wort / in seinen heiligen Sacramenten/
vnd allen vnsern noͤtten haben vn̄ behalten moͤgen.
Dann einmal gewiß vnd offenbar / das der Zwin=
glianer Lehr / ist die verdampt Nestorisch Ketze=
rey/vnd wuͤrdt von keinem Rechtglaubigen / die
jren einfaltigen Glauben von der Person vn̄ Ma=
iestet Christi zur Gerechten der Allmechtigen
Krafft Gottes wissen / anderst nimmer mehr er=
kennet werden.
Wir aber bitten den Allmechtige Gott vn̄ Vat=
ter vnsers Herrn Jhesu Christi/das er vns sambt
seiner Christenheit bey der reinen Erkandtnuß sei=
nes lieben Sons Jesu Christi erhalten/vnd vor der
Zwinglischen Lehr gnedigklichen behůten / die ein=
feltigen/so auß vnuerstand jrren/widerbringen/das
sie von disen hohe gebeünnussen des Reichs Gottes

K 3 (so

(so der vernunfft zuhoch vnd vnerforschlich/ vñ al-
lein mit dem Glauben gefasset sein wöllen) alle
menschliche Gedancken fallen/ vnnd sich das Wort
Gottes/vnd jhren einfeltigen Glauben füren vñ lau-
ten lassen: Vnd wölle dem Sathan nicht gestatten/
das er die Erkandtnuß Christi des Herrn in den
Hertzen der rechtglaubigen / durch dise oder ande-
re Ketzerey außlöschen solt/sonder mit seiner All-
mechtigen Krafft jme gewaltigklich widerstand
thüe vnd wöhre. Dann der Sathan dise Ketzerey
zugleich der Arianischen gedenckt seiner art nach/
allein durch Calumnien vnd lösterliche verkerung
der reinē Lehr/in die Christenheit außzubreitē/wöl-
che mit der vernunfft leichtlich gefasset / vnd ange-
nommen/vnd den rechten Christlichen Glauben in
den Hertzen bald außleschet. Dann so der Sathan
die sachen dahin bringet / das man nichts glauben
soll/dañ das einer verstehn/vñ mit seiner vernunfft
begreiffen kan/ würdt man dem gantzen Christli-
chen Glauben / vnd allen desselben Articuln bald
vrlaub geben.

Dann was bedarff es vil glaubens/das Geheim-
nuß der heiligen Sacramenten zubegreiffen/wann
im H. Nachtmal nichts ist/dañ ein eusserlich Brot-
brechen vnd Weintrincken / Item / was bedarff es
vil glaubens von der Maiestet Christi zu der Ge-
rechten Gottes/wann die Rechte Gottes/ zu wöl-
cher Christus/ jhrer Lehr nach / gesetzt sein soll/
nichts anders / dann ein hoher Stül oder Sessel/
oder ort im Himmel ist / der über S. Peters vnnd
anderer Heiligen Stül außgehet

Also

Also würdt geschehen/wo mit dem Wort Gottes
vnd glauben/diser verdampten Lehr nicht gewöh=
ret/ das wir endtlich Christum / vnnd also mit jhm
den Christlichen Glauben gar verlieren möchten/
damit die Prophecey Christi erfüllet werde/ da er
spricht : Meinstu wann des Menschen Son kom= Luc. 18.
men würdt/das er auch Glaubē auff Erdē finden
werde : Diß stücklin nähert sich herzū/ vn̄ ist zube=
sorgē/das mehr vnglaubē in den Hertzen der men=
schē zū diser vnser letstē zeit regiere/dan̄ niemand ge=
denckē mag/ weil man nichts mehr glauben/ sonder
wissen / vnd mit der vernunfft alles begreiffen will.

Der Herr helff vnd beker/ wer zůbekeren ist/hal=
te vber seinen glaubigen / vnd laß jhm sie nicht auß
seiner Hand reissen. Wir haben nach vnserm Be=
růff das vnser gethon / wer jhm wil helffen lassen/
dem ist nun mehr gnůg gesagt vnd geschriben / wer
jhm nicht will helffen lassen / der kan sich nicht auß
mangel des Christlichen Berichts entschul=
digen / vnnd würdt sein vrtheil selbst
tragen / vnd vor Gott auß=
stehn müssen.

Es weiß.

ES weißt sich der Christlich Leser / so der Heydelbergischen Theologen/jungste Schrifft/ vñ
auch ihre andere wider vns außgegangne Bücher
gelesen/ zuerinnern/ das vnser Lehr von der Maiestet des Menschen Christi in anderen vnseren
Schrifften/ Berichten / Erklärungen/ begriffen/
vnd in diser vnser letsten Antwort widerholet/ von
den Heydelbergischen Theologen/als ein newe/ vngereimbte / bey der alten vnd jetzigen Kirchen vnerhörte Lehr / angezogen vnd außgerüffen würdt.

Derwegen wir bedacht gewesen/der ersten Kirchen / alten Lehrer/ vnd der heiligen Vätter Zeugnussen von disem handel/ zu end diser vnser letsten
Antwort anzuhencken / wie wir dann dieselbig in
guter anzal bey der Hand verzeichnet haben.

Dieweil wir aber berichtet/das andere der Augspurgischen Confession verwandte / gütherzige
Theologi/diß Werck für die Hand genommen/ vñ
dasselbig in kürtze an tag kommen soll / seien wir
mit der alten Vätter Gezeugnussen jetzmals obergestanden.

Habẽ aber nicht vnderlassen sollen/ettliche Zeugmuß der fürnembsten Theologen / so vor ettlich jaren bey der Kirchen vnd Schülen gelehret/ vnnd
wölche Gott zu den fürnembsten Werckzeugen zur
Reformation der Kirchen in Teütschen Landen/
vnd außpreitung seines heiligen Euangelions / erweckt vnd gebraucht hat/ hieher zusetzen. Wölche
von der Maiestet des Menschen Christi / vnnd der
warhafftigen gegenwertigkeit seines Leibs vnnd
Bluts im H. Abendtmal/gleich wie wir gelehrt vñ
geschriben.   Darbey

Darbey der Christlich Leser abzunemen/wie die Heydelbergische Theologi/so gar ohn allen grund/ das vnser Lehr new vnnd vnerhört/ auch das es hierinnen mit vns niemandts halte/fürgeben/vñ menigklichen bereden wöllen.

Auch wie billich vnd notwendig wir verursacht/ die Lehr von der Maiestet des Menschen Christi/ so vns der H.Geist in der Schrifft offenbaret/vnd durch nachbenannte seine Werckzeug vnd thewre Männer Gottes/wider die Schwirmer vñ Rottengeister erkläret/verthedingt vnd erstritten/vnd wir per manus von jhnen empfangen / nachmals hand-zuhaben vnd darob zuhalten.

Wölches dann die andere vnser Confession verwandte ohne zweyffel erkennen/vnd was jhnen deß-wegẽ gebüret/sich wol züerinnern wissen werden/rc.

Lutherus im Büch/das dise Wort/
(das ist mein Leib) noch fest stehn.
Fol. 135. fa. 1.

NVn laßt vns mit jhnen (den Schwermern) redẽ/Sie bekennẽ/das Christus sey zur Rechten hand Gottes/vñ damit wöllen sie gewonnen haben/das er nicht sey im Abendtmal. Das ist freilich das greulich Schwert des Risen Goliath/ darauff sie bochen. Wie aber / wann wir euch eben dasselbig Schwert nemen / vnnd schlagen euch damit den Kopff ab / vnnd beweiseten eben mit dem Spruch/das Christus Leib müsse im Abendtmal

L   sein/

kin/ damit jr wölt beweisen/ er müsse nicht da sein/
wolt jhrs nicht für ein rechts Dauids thätlin hal-
ten:

Wolan/ sehet vnd höret vns zů. Christus Leib
ist zur Rechten Gottes / das ist bekandt/ die Rech-
te Gottes aber ist an allen Enden / wie jr müssen
bekennen auß vnser vorigen vberweisung / so ist sie
gewißlich auch im Brot vnd Wein vber Tisch. Wo
nun die Rechte Hand Gottes ist/ da muß Christus
Leib vnd Blůt sein / dann die Rechte Hand Got-
tes ist nicht zůtheilen in vil stuck/ sonder ein einigs/
einfaltigs Wesen. So sagt auch der Articul nicht/
das Christus an einem theil/ als an einem kleinen
Finger oder Nagel der Rechten Gottes / sonder
schlechts zur Rechten Gottes sey/das/wo vnd was
Gottes Rechte ist vnnd heißt / da ist Christus des
Menschen Son.

Das will auch Christus / so offt er im Euange-
lio bekennet/das jhm ales sey vbergeben vom Vat-
ter/vnd alles vnder seine füsse gethon. Psal.8.Das
ist/ er ist zur Rechten Gottes/wölches ist nicht an-
derst/dann das er auch als ein Mensch vber al-
le ding ist/alle ding vnder sich hat / vnnd darüber
regiert/darumb muß er auch nahe dabey/ drinnen
vnd darumb sein/alles in händen haben/rc. Dann
nach der Gottheit ist jhm nichts vbergeben/
noch vnder die Füsse gethon/ so ers zuuor alles
gemacht vnd erhelt: Sitzen aber zur Rechten/ ist
souil/ als regieren vnnd Macht haben vber alles.
Soll er Macht haben vñ regieren/můß er freilich
auch

auch da sein gegenwertig vñ wesendtlich durch
die Rechte Hand Gottes/ die allenthalben ist.

Vnnd im selben Buch.

Auff dise Rede werd ich villeicht nun andere
Schwermer kriegen/die mich faben wöllen/ vnnd
fürgeben/ Ist dann Christus Leib an allen enden/
ey so will ich jhn fressen vnd sauffen in allen Weins
beüsern/ auß allen schüsseln/glesern vnnd kandten/
so ist kein vnderscheid vnder meinem Tisch/vnnd
des Herrn Tisch/o wie wöllen wir jhn zufressen.

Vnd bald hernach.

Hörstu es nu du Saw/Hund oder Schwermer/
wer du vnuernünfftiger Esel bist/ Wann gleich
Christus Leib an allen Enden ist/so würstu jhn
darumb so bald nicht fressen/ noch sauffen/ noch
greiffen. Auch so red ich mit dir nicht von solchen
sachen/ gehe hin in deinen Sewstal/ oder in deinen
Kaat/ Droben hab ich gesagt/das die Rechte Got-
tes an allen enden ist / aber demnach zugleich auch
nirgend vnd vnbegreifflich ist/vber vnd ausser allen
Creaturn / es ist ein vnderscheid vnder seiner Ge-
genwertigkeit vnd deinem greiffen/er ist frey vnnd
vngebunden allenthalben/wo er ist / vñ muß nicht
da stehn/als ein Bub am Pranger oder Halseisen
geschmidet.

Sihe die glantze der Sonnen seind dir so nahe/
das sie dich gleich in die Augen oder auff die Haut

L 2   stechen/

84

stechen / das du es fuͤleſt / aber doch vermagſtu es
nicht / das du ſie ergreiffeſt / vnd in ein kaͤſtlin legeſt /
wann du gleich ewigklich darnach tappeſt / hinderñ
kanſt du ſie wol / das ſie nicht ſcheine zum Fen-
ſter ein / aber tappen vnd greiffen kanſtu ſie nicht.
Alſo auch Chriſtus / ob er gleich allenthalben
da iſt / laßt er ſich nicht ſo greiffen vñ tappen / er kan
ſich wol außſchoͤlen / das du die Schale dauon krie-
geſt / vnd den kerne nicht ergreiffeſt / warumb das?
Darumb das ein anders iſt / wann Gott da iſt / vnd
wann er dir da iſt / Dañ aber iſt er dir da / wann
er ſein Woꝛt darzuͤ thuͤt / vnd bindet ſich damit
an vnd ſpricht / Hie ſoltu mich finden. Wann du
nun das Woꝛt haſt / ſo kanſtu jn gewißlich greiffen /
vnd haben : Die hab ich dich / wie du ſageſt.

Lutherus in der groſſen Bekandtnuß
vom Abendtmal.fol.191.fa.1.

Nun er (Chꝛiſtus) aber ein ſollich Menſch iſt /
der vbernatürlich mit Gott ein Perſon iſt / vnd auſ-
ſer diſem Menſchen kein Gott iſt / ſo muͤß volgen /
das er auch nach der dꝛitten vbernatürlichen
Weiſe ſey / vnnd ſein moͤge allenthalben / wo
Gott iſt / vnd alles durch vnd durch vol Chꝛi-
ſtus ſey / auch nach der Menſchheit / nicht nach
der erſten / leiblichen / begreiflichen weiß / ſonder
nach der vbernatürlichen Goͤttlichen weiſe /
dann hie muͤſtu ſtehn vnnd ſagen / Chriſtus nach
der Gottheit / wo er iſt / da iſt er ein natuͤrliche Goͤt-
liche

liche Person/vnd ist auch natürlich vnd persönlich
daselbsten/ wie das wol beweiset sein empfengknuß
in Mütter leib / dann solt er Gottes Son sein/ so
müßt er natürlich vñ persönlich in Mütterleib sein
vñ Mensch werden. Ist er nun natürlich vnd per-
sönlich wo er ist/ so muß er daselbst auch Mensch
sein/ Dann es sein nicht zwo zertrennte personen/
sonder ein einige Person/ wo sie ist/ da ist sie die einig
vnzertrennte Person / vnnd wo du kanst sagen/ hie
ist Gott/ da müstu auch sagen/ so ist Christus der
Mensch auch da.

Vñ wo du ein ort zeigē wurdest/ da Gott were/vñ
nicht der Mensch/ so were die Person schon zertren
net/ Weil ich alsdann mit der warheit könt sagen/
hie ist Gott der nit Mensch ist/ vñ noch nie Mensch
ward. Wir aber des Gottes nicht / dann hierauß
wolte volgen/ das raum vnd stett / die zwo naturen
von einander sönderten / vnd die Person zertrenne-
ten / so doch der Tod vnnd alle Teüffel sie nicht
kondten trennen/ noch von einander reissen. Vnnd
es solt mir ein schlechter Christus bleiben/ der nicht
mehr/ dann an einem einzelen ort zugleich ein Gött-
liche vnd Menschliche Person were / vnnd an allen
andern orten müßte er allein ein blosser abgesön-
derter Gott/ vñ Göttliche Person sein/ on Mensch-
heit. Mein Geselle/ wo du mir Gott hinsetzest / da
müstu mir die Menschheit mit hinsetzen/ sie las-
sen sich nicht sönderen / vñ von einander trenen/
es ist ein Person worden/ vnd scheidet die Mensch-
heit nicht so von sich/ wie meister Hans seine Rock

L   z   außzeucht

außzeucht/ vñ von sich legt/wann er schlaffen gehe.

Vnd im selben Buch / fol. 192. fa. 2.

Zum dritten / die Göttliche Himlische weiß / daß
er mit Gott ein Person ist/nach wölcher freilich al-
le Creaturn jhm gar vil durchleüffiger vnd gegen-
wertiger sein müssen/dann sie seind nach der andern
weise. Dann so er nach derselbigen andern weise/
kan also sein/in vñ bey dē Creaturn/das sie jn nicht
fülen/rüren/messen noch begreiffen/ wieuil mehr
würdt er nach diser hohen dritten weise in allen
Creaturen wunderlicher sein/das sie jhne nicht
messen vnd begreiffen/sonder vil mehr/das er sie für
sich hat/gegenwertig misset vnd begreiffet: Dann
du müst diß Wesen Christi/so er mit Gott ein Per-
son ist/gar weit ausser den Creaturen setzen/ so weit
als Gott draussen ist/widerumb so tieff vnd na-
he in alle Creaturn setzen/als Gott darinnē ist.
Dann er ist ein vnzertrennte Person mit Gott/
wo Gott ist / da müß er auch sein / oder vnser
Glaub ist falsch.

Item/in dem Buch von den letsten wor-
ten Dauids / fol. 147.

Darneben ist der Son gleichwol auch ein Men-
schen Kind / das ist / ein rechter Mensch / vnnd
Dauids Son/dem solche ewige Gewalt gege-
ben würdt.

Vnd

Vnd hernach am selbigen Blat.

Hiervon spricht er selbst Johannis am 16. Alles
was der Vatter hat/das ist mein/ Spricht nicht/
der Vatter hat nichts mehr / ich habs alles allein/
oder / der Vatter hats alles allein/ich hab nichts/
Sonder/der Vatter hats alles/alles/ aber dasselb
alles/das er hat/das ist mein. Das ist jha klärlich
souil gesagt/ das der Vatter vnnd Son ein einige
Gottheit haben/vnd von demselben alles des Vat-
ters/das des Sons ist/hats der heilig Geist auch/
wie er daselbst spricht:Er würdts von dem meinen
nemen / von wölchem meinen: Ohn zweyffel von
dem meinen / das der Vatter hat / also nimpt der
heilig Geist von beyden/dem Vatter vnd Son/ die
selbig völlig gantz Gotheit/von ewigkeit her. Item
Joh.5.Wie der Vatter das Leben hat in jm selber/
also hat er dem Son geben das Leben zuhaben in
jm selber/ vnnd wie der Vatter todten aufferweckt
vnd lebendig machet / also auch der Son machet
lebendig wölche er will / auff das sie alle den Son
ehren/ wie sie den Vatter ehren. Das alles ist von
der ersten/ ewigen/ Göttlichen Geburt gesagt.

Nach der andern zeitlichē menschlichē Geburt/
ist jm auch die ewig Gewalt Gottes geben/ doch
zeitlich vñ nicht von ewigkeit her/ daññ die Mensch-
heit Christi ist nit von ewigkeit gewest/wie die Got-
heit/sonder wie man zelet vñ schreibt/ist Jesus Ma-
rie Son diß jar 1543. jar alt. Aber von dem augen-
blick an / da Gottheit vnnd Menschheit ist verei-
nigt in einer Person / da ist vnnd heißt der Mensch
Marie

Was diſe Communicationem Idiomatum, als ewiger Gott ſein/die Welt erſchaffen/belangend / wiſſen wir wol / das daſſelbig/wie es mit derſelbē geſchaffen. Was aber Lutherus ſonſtē von ō comunicatione Idiomatum,als allmechtig ſein/allēthalbē gegenwertig ſein/ꝛc. gehaltē/ nämlich das es nit Allꝛoſis vnd verbalis comunicatio,ſonder vera & realis,bz bezeugē andere ſeine Schꝛifftē/ ſonderlich die groß Bekandtnuß rom Abēdmal/ auch was in diſem angezognē Zeugnuß roꝛ vnd nach gehꝛ.

Marie Son/Allmechtiger ewiger Gott / der ewig Gewalt hat / vnd alles geſchaffen hat vnnd erhelt/ per cōmunicationem Idiomatum. Darum das er mit der Gottheit eine Perſon / vnd auch rechter Gott iſt / daruon redet er Matth. 11. Alles iſt mir vom Vatter gegeben. Matth.vlt. Mir iſt aller Gewalt geben in Himmel vnnd Erden. Wölchem mir? MIR/Jeſu von Nazareth/Marie Son vnd menſchē geboꝛn/von ewigkeit hab ich ſie vom Vatter/ ehe ich menſch ward/aber da ich menſch ward/ hab ich ſie zeitlich empfangen nach der Menſchheit/vñ heimlich gehalten/ biß auff mein auffer ſtehn vñ Auffart/da es hat ſollē offenbart vñ verklärt werden / wie S. Paulus Rom. 1. ſpꝛicht/ Er iſt verkläret oder erweiſet / ein Son Gottes kräfftigklich. Joannes nennets verkläret / cap.5. Der heilig Geiſt war noch nicht / dann Jeſus war noch nicht verkläret.

Lutherus in Annotationibus ſuis in Eccleſiaſten,(wölches kein Streitſchꝛifft/ vnd Anno/ꝛc. 32. außgangen iſt) ſchꝛeibt alſo.

Sic Chriſtus quoꝗ extra locum eſt, contra illos,qui captiuant Chriſtum loco, *cum tamen vbiꝗ ſit, Neꝗ enim verbum Dei ſegregatur à carne: vbi Deus eſt, ibi & caro Chriſti eſt, ſed Deus*

Deus est vbiq́, ergò & Christus quoq̧ vbiq̧
est.

Philippus Melanthon ad
Oecolampadium.

SI mihi veſtra ſententia placeret, ſimpliciter
profiterer. Vos abſentis Chriſti corpus tanq̃;
in tragœdia repræſentari contenditis. Ego de
Chriſto video extare promiſsiones: Ero vobiſ-
cum vſq; ad conſummationem ſeculi, & ſimi-
les: vbi nihil opus eſt diuellere ab humanitate
diuinitatem. Proinde ſentio, hoc ſacramentum
veræ præſentiæ teſtimonium eſſe. Quod cum
ita ſit, ſentio in illa cœna præſentis corporis
ανατρία eſſe. Cùm proprietas verborum cum nul-
lo articulo fidei pugnet, nulla ſatis magna cauſa
eſt, cur eam deſeramus. Et hęc ſentétia de præ-
ſentia corporis cóuenit cum alijs ſcripturis, quę
de vera præſentia Chriſti apud nos loquuntur.
Nam illa eſt indigna Chriſtianis opinio,
quod Chriſtus ita quandam cœli par-
tem occuparit, vt in ea, tanq̃;
incluſus carceri ſe-
deat.

M   Idem

Idem ad Martinum Gerolitium.

Ego mori malim, quàm hoc affirmare, quod illi affirmant, Christi corpus non posse nisi in vno loco esse. Ideo constanter arguas eos publicè & priuatim, cum erit occasio.

Idem ad Fridericum Myconium.

Neq; verò quisq; mihi persuaserit, Augustinum hoc loco sic alligare corpus Christi ad vnum locum, vt nusquam alibi esse posse confirmet. Præsertim cùm scriptura nusquam affirmet, Christum ita in vno loco esse, vt alibi esse non possit. Quid enim adferri potest, præter humanæ rationis iudicium, cur hoc modo includamus Christum in vnum locum? Sed iudicium rationis debet scripturæ cedere.

Fürst Görg zü Anhallt im Büch vom Sacrament.

Es ist alda der warhafftig natürlich Leib / der für euch gegeben / oder wie Paulus sagt / gebrochen würdt / derselbige natürliche / warhafftige Leib / wölchen der ewig Son Gottes angenommen /

nommen/ vnnd von der aller heyligſten hochgelob¬
ten vnd reinen Jungfrawen Maria in diſe Welt
geboren/vñ am ſtamen des H. Creütz genagelt vnd
auffgeopffert/ von Todten aufferſtanden/ vñ ſitzt
zur Rechten Göttlicher Maieſtet in ewiger Herr¬
ligkeit/alles erfüllende, wie könd es klarer darge¬
geben werden?

Vnd hernach.

Weil wir aber glauben/der gantz Chriſtus/Gott
vñ Menſch/ ſitze zur Rechen Göttlicher Maieſtet/
in gleicher allmechtigkeit vnd vnermeßlichem Ge¬
walt / vnnd er zůſagt Matth. 18. Wo zwen oder
drey verſamlet ſeien in meinem Namen / da bin
ich mitten vnder jnen/vñ Matth. 28. Ich bin bey
euch biß zum End der Welt / wie wöllen wir nun
zweyfflen/ das er nicht in diſem heiligen Sacra¬
ment / das nach ſeinem beuelch vnnd ordnung
gehalten würdt / gegenwertig vnnd da/ laut vnnd
in Krafft ſeiner wort/ die er durchs Prieſters
Mund ſpricht/ in dem geſegneten allerheiligſten
Brot vnnd Kelch/ ſein eigen Leib vnnd Blůt/
warhafftig außtheilt/weil er das mit klaren/ hel¬
len/ deutlichen/ vnleügbarn worten ſelber ſagt/
vñ ſich in das Sacrament bindet/ vnnd alda will
gefunden werden? O Menſchliche thorheit/ o
Teüffliſche vermeſſenheit/ wider die Göt¬
liche Weißheit vnnd Allmechtigkeit.
Es heißt credere, non in¬
telligere.

Martinus Bucerus in expositione 6. Cap. Ioannis.

COelum, quod inhabitare dicitur Deus, vnde Chriſtus venit, & in quod aſcendit, eſt inacceſſa lux atq; gloria Dei inuiſibilis, id quod nos Paulus docuit, dum ſcripſit, Deum inhabitare lucem inacceſſam, 1. Tim. 6. E cœlo nobis Chriſtus aduenit, quia cùm vt verbum & virtus Dei, lucem inhabitaret inacceſſam, factus homo eſt: & ita in terra, in ſimilitudine hominum nobiſcum egit, & ſpecie habituq; vt hominem ſeſe exhibuit. Cum autem opus, quod ei mandauerat pater, perfeciſſet, patremq; opere & ſermone glorificaſſet, illi obediens factus in mortem vſq; crucis, dignum fuit, vt pater viciſsim filium glorificaret. Excitauit ergò à mortuis, & in cœlum aſſumpſit, non ſecundum diuinitatem, (ſic enim ſemper fuit, & eſt in cœlo, idé enim ſubſtantia eſt, quod pater) ſed ſecundum humanitaté, illa ex mundo hoc in gloriam Dei inuiſibilem, in lucem illam inacceſſam, in plenam diuinitatis perfruitionem translata eſt.

Idem

Idem in Epistola ad Episcopum He-rephordensem.

Quin docemus istos, vt cogitent, gloriam cœlestem, in qua regnat Christus, sic habere, vt nec oculus eam videre, nec auris audire, aut cor nostrum intelligere queat. Sacrá verò cœnam esse actionem & rem fidei, negotium noui te-stamenti, misterium regni cœlorum, quod limitibus prædicamentorum, aut vllis legibus rationis nostræ, minimè includitur.

Et paulò post.

Iubet autem à se accipere corpus suum, quod pro nobis traditum est: sanguinem suum, qui pro nobis fusus est, hęc igitur dat nobis, hæc ab illo accipimus: & non pro his signa modò, pa-nem & vinum. Si iam dat his Christus suum nobis corpus, suumq́; sanguinem, & accipimus nos hæc ab illo, quid dubitamus, agnoscere & fateri ea nobis adesse, & Christum ipsum nos habere præsentem, *totum, verum Deum & hominem?* vtcunq; eum præsentem solà cer-

M 3   nat

cernat fentiatq; fides, non fenfus nec ratio.

Et mox.

Mundum Chriftus reliquit, abijt ad patrem
in cœlos, hoc eft, in eam fe gloriam recepit, qua
nobis quidem *verè & totus Deus & ho=*
mo adeft, adeft autem ratione cœlefti, nulla
cum rebus præfentibus naturali coniunctione,
ratione, inquam, quam fides, non fenfus aut ra-
tio appræhendit.

Idem in Retractatione in enarratione, Matth. cap. 26.

Nec pugnat cum hac confefsione, vel quæ de
veritate humanæ naturæ in Chrifto, vel de glo-
rificatione eius cœlefti fcripturæ habent. Chri-
ftus non folùm vt Deus *fed etiam verus ho=*
mo mediator & feruator nofter eft, & inftau-
rabit omnia: *vt verum itaq hominē ESSE*
eum NOBISCVM ET IN
NOBIS OPORTET. Dixit e-
nim: Ego iterum veniam ad vos, manfionem
apud

apud vos cũm patre faciam, qui manducat
meam carnem, & bibit meum sanguinem,
ille in me manet, & ego in eo.

Hæc autem domini apud nos, etiam vt
caro & sanguis, id est, *vt homo est*, præsentia
& mansio, & in sacra cœna per symbola præ-
sentatio & exhibitio, vt præsentè amplius no-
bis, & agentem in nobis amplectamur, non
fit aliqua ratione naturæ, nulla cum sensibili-
bus signis commixtione aut inclusione, nulla
mutatione loci, *vera tamen est ac realis*,
quia non ficta & immaginaria, quia verbo do-
mini testificata, quanq, & effectus huius præ-
sentiæ & inhabitationis sanctis clarè sentian-
tur. Proinde nihil ista præsentia & exhibitio in
Domini sacra cœna, vel humanæ in Christo
naturæ derogat, nec locis illis, qui testificantur,
eum relicto mundo concesisse in gloriam pa-
tris. His nanq; locis nihil potest inferri, quàm
Dominum iam non hic agere PATIBI-
LI ratione & vita, sensibus perceptibili.
Ista testificatione de abitione sua è mundo ad
Patrem, certum est, Dominum nihil docere
amplius voluisse, *quàm se ex ratione viuendi*
huius

huius seculi Æ R V M N O S A & *sensibus exposita* in gloriosam ac cœleftem vi-uendi rationem concedere, quę propria est re-surrectionis & futuri seculi.

Hæc ratio futuræ vitæ sic habet,vt sicut eam nec oculus vidit,nec auris audiuit,ita nec in cor hominis venire pofsit, hoc est, ratione nostra comprehendi. Nihil itaq; de eo firmum adfir-mari potest,an Dominus corpore suo circum-scriptus sit loco aliquo cœli, vt D. Augustinus & alij Patres aliqui scribunt.

Pomeranus in Psal. 8.

Q Vis sit iste *homo & filius hominis ; siue filius Adam,* vt est in Hebræo,non igno-ramus, non solùm quòd Epistola ad Hebræos hæc dignifsimè interpretetur cap. 2. sed etiam quòd pręterea sæpe aliâs in nouo testamento de Christo hinc citetur : Omnia subiecisti sub pedes eius, Ephes. 1. Supra omnem Principa-tum, &c. 1. Cor. 15. Omnia subiecit pater sub pedes eius , præter se. Ioan. 13. Omnia dedit ei pater in manus.Matth.vlt. Data est mihi om-
nis

nis poteſtas in cœlo & in terra. Et paulò pòſt.
Hinc illa admiratio, quòd *hic homo & filiu
hominis* mundo deſpectiſsimus, & ad breue
tépus, vel ſuæ mortalitatis, vel nouiſsimæ illius
Paſsionis infra Angelos deiectus, quando ſe-
metipſum exinaniuit, factus patri obediés, &c.
mox in reſurrectione ſua ſit coronatus, id eſt,
rex conſtitutus, vt Pſal. 2. dictum eſt, & glori-
ficatus, *accepto imperio & regno, ſuper om-
nes creaturas in cœlo & in terra.*

Idem in *Pſal.* 45.

Dominus virtutum, id eſt, omnis poteſtatis,
& qui habet omnes exercitus ſub manu ſua, e-
tiam Angelicos, Dominus in cœlo, terra & in-
feris eſt nobiſcum, & ſtat à nobis, ſuſceptor &
protector noſter eſt Deus Iacob, quem inuo-
cauit Iacob, qui protexit Iacob, & ſemen eius
in æternum. Hîc vide, quàm liceat Chriſtianis
bunc verſum dicere, poſtḡ; Deus per Chri-
ſtum, vt infrà dicitur, exaltatus eſt in gentibus.
*Hic Dominus virtutum eſt Chriſtus domi-
nus, iam nobiſcum, non ſolùm vt Deus, ſed*
N   etiam

etiam vt homo, qui dictus est ab Esaia, Emanuel, id est, *nobiscum Deus, &c.*

Idem in Pfal. 110.

Chriftus filius eft Dauidis, fecundum carnem, Rom. 1. & Dominus Dauidis, non folùm fecundum diuinitatem, fed etiam fecundum regiam dignitatem, & facerdotium. Et paulò pòft. Hic (Chriftus) non femetipfum glorificauit, vt erubefcat opinio potentiæ, fapientiæ & iuftitiæ noftræ, imò & omnis ambitio humana, quæ fe præferre alijs ftudet, & mortificationi reluctatur : fed is glorificauit eum, qui dixit ad eum, fede à dextris meis, id eft, *Rex efto, vt ego fuper omnia & in cœlo & in terra.* Matth. vlt. de quo diximus, & Pfal. 8. & 71. Iubetur verò federe non ad caput, ne videatur effe fupra Deum, quia Chrifti caput Deus, 1. Cor. 11. neq; ad finiftram, *ne videretur eius gloria minor gloria Dei:* fed ad dextram, id eft, in potioribus bonis Patris, vt *æqualitas* fignificetur. A dextris ergò regnat, cuius regnum eft fpirituale, nam finiftra

ſtra temporalia ſunt, vt alibi diximus, licet &
ipſa ei ſubiecta ſint, &c.

Vrbanus Regius in ſeinem Dialogo / von dem Geſpräch der zweyen Jüngern / ſo gehn Emaus gangen. folio 45.

Ich mein ja / wir mögen jetzt ſagen / Immanuel / Gott iſt mit vns / dieweil er nicht allein bey vnd mit vns iſt / als der Schöpffer vnnd Regent / bey ſeinem Geſchöpff mit gnaden / ſonder jetzt auch ſelbſt ein Menſch iſt / vns zů gůt vñ ehren / vñ alſo auff ein ſonderliche weiß / bey vns iſt. Vor zeiten war er bey ſeinem geſchöpff / als ein Gott allein / jetzt iſt er bey vns Menſchen / als ein Menſch / vnd iſt ein Göttlicher Menſch / vñ ein Menſchlicher Gott / iſt das nit ein vnaußſprechlicher Troſt in aller Trübſal / das Gott alſo bey vns iſt / wer will dann wider vns ſein : als S. Paulus trotzet Rom. 8. ꝛc.

Eben im ſelbigen Bůch am 233. blat.

Dann ob er (Chriſtus) wol gecreütziget iſt / wie S. Paulus ſagt 2. Cor. 13. in der Schwachheit / die er willigklich vmb vnſern willen die zeit ſeiner Diſpenſation trůge / ſo lebt er doch in der Krafft Gottes / ein Herr der Juden vnd Heyden / ꝛc.

N 2   Juſtus

Justus Menius von dem Geist der Widerteüffer/ Anno 1544.

ES seind freilich mehr Sprüch / da der Herr Christus von jhm selbs redet/ das er bey seiner H. Kirchē oder Gemeine gegenwertig sey/ vñ gleichwol nichts destoweniger auch bey dem Vatter in der Maiestet sey/als Johan.3. Es feret niemand gehn Himmel/ dann der vom Himmel ernider kommen ist/ nämlich des Menschen Son/ der im Himmel ist.

Lieber laß dir hie die vernunfft sagen / wie doch Christus des Menschen Son/ hie vnden auff Erden/vnd gleichwol nichts destoweniger / auch droben im Himmel sey.

Item Matth.28. Sihe ich bin bey euch alle tag/ biß ans ende der Welt. Ist er alle tag biß ans Ende der Welt bey den seinen / lieber wie sitzt er denn gleichwol auch zur Rechtē des Vatters. Ja sagt nu der Geist/ Christus nach der Götlichen Natur ist wol allenthalb/ aber nach der Menschlichen / ist er nicht allenthalb/sonder muß von nott wegē nur an einem ort/oder stette sein. Antwort/Das der Geist solches bekennet/ nämlich/ das Christus nach der Göttlichen Natur von ewigkeit / allenthalben ist/ vnd alles erfüllet/schaffet/erhelt vnd regieret/ des dancken wir jhm gar nichts/vnd trotz jhm/das ers auch widerspreche/ so wissen wirs Gott lob/ auch wol/vnd dürffend seines lehrens eben nichts. Weil aber Christus solches alles von wegen seiner Göttlichen

lichen natur von ewigkeit hat / was iſts denn/das
ihm gegeben würdt / was darff ihm der Vatter
geben/das er vorhin von ewigkeit hat / was darff
er jn dazů machen/das er vorhin von ewigkeit iſt?
Weil nun Chriſtus nach der Gottheit / oder ſei-
ner ewigen Göttlichen Natur / gleiche Göttliche
Macht vnnd Herrligkeit mit dem Vatter von e-
wigkeit hat/ vnd jm nicht allererſt gegeben werden
darff/ die Schrifft aber zeuget/das ſollich Herrlig-
keit vnd Macht jhm gleichwol auch gegeben ſey / ſo
můß ſie jhm gewißlich / der Natur halb / die ſolch
Herrligkeit/ von ewigkeit nicht gehabt / als näm-
lich von wegen der Menſchlichen Natur gegeben
ſein/vñ das ſolches alſo ſey / bezeüget Dauid Pſal.
8. wölcher von Chriſto ſagt: Was iſt der Menſch
das du ſein gedenckeſt/du würſt jn zum Herrn ma-
chen vber deiner Hand Werck / alles haſtu vnder
ſeine Füſſe gethon/wie der Apoſtel an die Heb. am
2.cap. zeuget.

Derhalb / wie die Rechte Hand Gottes allent-
halben im Himmel vnd Erden gegenwertig iſt/al-
les allein gſchaffet/erhelt vnd regiert/vnnd an kei-
nen ſonderlichen ort oder ſtett mag gebunden wer-
den/alſo můß man auch Chriſtum/nicht allein nach
ſeiner ewigen Göttlichen / ſondern auch nach der
angenommen Menſchlichen Natur / ſo weit ſich
die Rechte Gottes/das iſt/ſeine vnendtliche Gött-
liche Macht vñ Gewalt erſtrecket/auch gegenwer-
tig ſein vnd bleiben laſſen / vnnd ſolt der Geiſt mit
allen ſeinen Mitgeiſtern darüber noch ſo thol vnd
thöricht werden. Iſt er aber neben vnd zugleich mit

der Rechten Gottes allenthalben gegenwertig/
ist er auch freilich im Abendtmal/ wie die wort sei=
ner Verheissung lauten.

Christus sitzt zur Rechten Gottes des Vatters/
wer den Articul im Abendtmal nicht glaubet/der=
selbig würde den andern vom sitzen zur Rechten ge=
wißlich noch vilweniger glauben können/ denn zur
Rechten des Vatters sitzen/ist nicht anders / denn
mit dem Vatter in gleicher Macht vñ Herrligkeit
sein / alle ding allenthalben mit dem Vatter gleich
schaffen/ erhalten / regieren / was im Himmel vñ
auff Erden/vnnd allenthalben in allen Creaturen
ist / als ein einiger / warer / allmechtiger Gott mit
dem Vatter / vnd in summa/ alles das sein haben
vnd thun / das der Vatter selbst ist / hat vnd thüt/
wie er Christus selbs sagt / Matth. vlt. Mir ist al=
ler Gewalt gegeben/im Himmel vnnd auff Erden/
Item Ephes. 4. Der hinunder gefaren ist / das ist
derselb / der auffgefaren ist / vber alle Himmel/
auff das er alles erfülle.

Die Rechte Gottes aber ist nicht ein stuck/ oder
theil von der Gottheit / oder vom Göttlichen We=
sen / gleich wie an eines Menschen Leib die rechte
Hannd ein stuck / vmb sonderlich Glid ist/sondern
wo die Schrifft von der Rechten Gottes/ oder von
Gottes Hand/oder von Gottes Arm redet/da will
sie Gottes vnendtliche/ allenthalben gegenwürti=
ge/allmechtige / vnd ewige Macht vnnd Gewalt/
gemeint vnd verstanden haben/ durch wölche Ge=
walt er alles/was im Himmel vnnd auff Erden/
vnnd in allen Creaturen allenthalben ist / schaffet/
erhelt

erhelt vnd regieret / wie Exod. 15. Pſal. 44. Leſt.
48: Job. 12.

Chꝛiſtus iſt vom Vatter außgangen/vnnd in die
Welt kommen/widerumb die Welt verlaſſen vnnd
zum Vatter gangen.

Das iſt nicht die meinung/als das Chꝛiſtus/von
einer ſtett zur andern ſich begeben/ das er die ande-
re geräumet vnnd verlaſſen habe / gleich wie ein
Menſch in einem Hauſe / auß einem obergemach/
in ein vndergemach / auff vnd abſteiget / oder wie
die Vögel onderm Himmel in der Lufft/ auff vnd
nider fliegen/jetzt auff einem Bawm/oder Thurn-
ſpitzen in aller höhe ſitzen/oder in der Lufft vmb-
her fliegen/bald aber hie vndē auff Erden hupffen/
ſolche meinung vnnd verſtand / hat es freilich gar
nicht mit dem auff vnd nider fahren vnſers Herren
Chꝛiſti. Was hat es aber denn für ein meinung/vñ
wie ſoll es anders zuuerſtehn ſein? Daruon lehret
S. Paulus Phil. 2. da er ſagt: Chꝛiſtus Jeſus ob
er wol in Göttlicher geſtalt ware/hielt ers nicht für
einen Raub / Gott gleich ſein/ſondern/ꝛc. Da ſi-
heſtu je klärlich/ was da ſey vom Vatter außgehn/
herunder fahren/in die Welt kommen/ als nämlich
nicht den Himmel/ oder einichen ort/oder Creatur
verlaſſen vnnd räumen / ſondern allein die geſtalt
endern/der Göttlichen geſtalt ſich euſſern / erniedri-
gen / vnd eines Menſchen / oder Knechts geſtalt/
vnd geberde an ſich nemen/ Demnach nichts deſto
weniger/zugleich auch im Himmel ſein vnd bleiben/
wie er ſagt/ Joh. 3. Niemand fehret gehn Himmel/
denn der von Himmel hernider gefahren iſt / näm-
lich/

lich des Menschen Son / der im Himmel ist.

Gleicher weise ist das / das Christus die Welt
verlassen / zum Vatter gangen / auffgefahren gehn
Himmel / vñ zur Rechten des Vatters gesessen sey /
auch nicht auff die meinung geredt noch gemeinet /
als das er einen ort / oder stett verlassen / sich an ein
andere begeben habe / sondern die Menschen geber-
de / vnnd Knechts gestat heißt es ablegen / als da
seind / nimmer leyden / sterben / sondern leben / herr-
schen / helffen / schaffen / regieren / alles allenthalben
im Himmel / Erden / vnd allen Creaturn.

So ist nun diß die meinung dises Articuls / Chri-
stus ist vom Vatter außgangen / vnnd in die Welt
kommen / ꝛc.

Das Christus Gottes Son / wölcher auch
Menschlich Natur an sich genommen / der Göttli-
chen gestalt sich ein kleine zeit geeüssert / vnnd erni-
drigt / vnd gar nicht als ein allmechtiger Gott / son-
dern als ein elender verlassener Mensch geberdet /
ja als ein verdampter Sünder am Creütze gestor-
ben / begraben / vnd zur Hölle gefahren / Derselbige
nu mehr widerumb zum Vatter gangen / gehn
Himmel gefahren / vnnd sich zur Rechten / in der
Maiestet gesetzt / das ist / alle Gewalt vnd Macht
der Sünden vnd Tods / durch sich selbs vberwun-
den / vnd ein Herr worden über alles / das im Him-
mel / auff Erden / vnnd allenthalben ist / vnnd auß
gleichem Göttlichem Gewalt mit Gott dem Vat-
ter allenthalben gegenwertig ist / alles mitschaffet /
erhelt vnd regieret / erhöret die seinen / hilfft ihnen /
schützet vnd schürmet sie.

Herr

Herr Nicolaus Amsdorff / in

seinen Propositionibus.

R Ecté ab Ecclesia Papæ, ab illa ipsa prophe-
tatum est, quòd Papa sit vicarius Christi,
vicarius enim gubernator est, domino absen-
te. Absens igitur est Christus, non præsens Ec-
clesiæ Romanæ. Gubernatur itaq; Romana Ec-
clesia per Papam, non per Christum. In Luthe-
rana verò Ecclesia, Christus est præsens, iuxta il-
lud: Vobiscum sum vsq; ad consummationem
seculi. Et ita est præsens, quòd omnia regit &
gubernat ipse. *Et ideo surrexit, cœlos ascen=
dit, & sedet à dextris Dei,* vt esset Dominus
præsens vbiq, apud omnes, viuens & guber-
nans omnia.

Ioannes Æpinus contra Sa-
cramentarios Frisones.

C Hristum vbiq; non solùm virtute sua, sed
essentia etiam præsentem esse, sacris scri-
pturis confutare non possunt Sacramentarij.
Filius Dei seu λόγος factus caro *nunquam &*
O   *nusquam*

nuſquam eſt ſine carne. Vbiq; eſt verus & naturalis homo, & nuſquam dimidiatus, ſed *vbiq; totus.* Filius Dei, & filius hominis, vnus eſt Chriſtus, vnaꝗ; perſona, *vbi filius Dei eſt, ibidem & Mariæ filius eſt Ieſus Chriſtus, Deus & homo eodem temporis momento,* Romæ, Hieroſolymis, & in Friſia totus eſt, *non ſolùm potentia,* ſed Deus & homo vnus Chriſtus. Qui perſonam Chriſti ab aliorum hominum perſonis æſtimat, & includunt eum ſuis anguſtijs, non norunt Chriſtum rectè, nec de diuinę & humanę eius naturæ vnione in eadem perſona, iuxta analogiam fidei ſentiunt.

Idem in Enarratione Euangelij de Aſcenſione domini, C. 2.

Ieſus Chriſtus ſublatus in cœlum, à dextris Dei ſedet. In dextera Dei ſedere *nihil aliud eſt, quàm in omni potentia, in gloria, honore & maieſtate Dei regnare, et omnia habere ſibi ſubiecta, ac poteſtate omni in cœlo & terra*

terra præditum esse. Chriſtus propter ſuos
mortuus eſt,reſurrexit,in cœlū aſcendit,& con-
ſedit à dextris Dei,ideo nó poſſunt nó tutiſsimi
eſſe ſub Chriſti regno omnes credentes,qui ſu-
am ſpem in Chriſtum ponunt. In ſacra ſcri-
ptura legitur,Chriſtum ſedere & ſtare ad dex-
teram Dei. D. Stephanus morti expoſitus di-
xit,ſe aperto cœlo,Ieſum videre ſtantem,non
ſedentem à dextris Dei. Dicitur ſedere,vt in-
telligamus,eum ſecurè imperare vniuerſis crea-
turis: ſtare,vt cognoſcamus eum paratum eſ-
ſe ad ſuccurrendum ſuis,in omnibus afflictio-
nibus,ſiue,eum ſuſceptorem ac protectorem
eſſe ſuorum.

Vitus Theodorus in einer Pre-
dig übers Fůſwaſchen / Joh.13.

Was ſoll aber das ſein / das Johannes weiter
ſagt: Jeſus wußte/ das jm der Vatter alles
hat in ſeine hånd gegeben/ vñ das er von Gott
kommen war/vnd zů Gott gieng : Das ſeind tref-
fenliche groſſe wort / mit wólchen Johannes vns
anzeigen will/mit was gedancken der Herr Jeſus
ſey vmbgangen/ ehe er den Jüngern ſetzt wolt die
Fůß wåſchẽ/das er nit an ſein leyden gedachte/noch

ſin Geiſt ſey betrůbt geweſit/wie bald hernach auff
das Fůßwáſchen folget / ſonder er hab gedacht an
ſein Herzligkeit/in wölcher er von ewigkeit bey dem
Vatter geweßt/vnnd zů derener jetzt auch nach
ſeiner Menſchheit WISER kommen/
vnd ewig darinn bleiben ſolte/ꝛc.

Andreas Althamerus, in con-
ciliationibus Scripturæ.

CVi quæſo in cœlis Chriſtů oſtéditis Suuer-
meri, cům VBIQVE SIT, nulli ligatus
loco, iuxta illud Pſalmi 139. Si aſcendero in cœ-
lum, tu illic es, ſi deſcendero ad infernum,
ades. Et Hiere. 23. Ego cœlum & terram im-
pleo. Et Matth. 28. Data eſt mihi omnis pote-
ſtas in cœlo & in terra. Ecce ego vobiſcum
ſum. Ego (inquam) exaltatus & regnans, Phil.
2. Pſal. 8. Cui omnis poteſtas in cœlo & in ter-
ra data eſt. Vobiſcum ſum quotidie, vſq; ad
conſummationem ſeculi. Sic Epheſ. 4. Aſcen-
dit ſuper omnes cœlos, vt adimpleret omnia.

Et paulo poſt.

Et qui dixit: Me non ſemper habebitis, ille
quoq; dixit: Ego vobiſcum ſum omnibus die-
bus,

buis,Matth. 28. Et poſt reſurrectionem, ad ſuos diſcipulos loquens ait : Hæc ſunt verba, quæ locutus ſum ad vos, cum adhuc eſſem vobiſcum. Erat hæc loquens in mundo,præſens ſuis Diſcipulis, & tamen inquit : Hæc locutus ſum ad vos, cum adhuc eſſem vobiſcum, quaſi iam non ſit cum eis, quibus tamen coràm loquebatur. Sed hiſce verbis indicat, ſe duplici nomine & ratione eſſe in mundo. Primò fuit in mundo pauper, humilis, patiens, mortalis, cum humanam fragilitatem, in ſe tranſtuliſſet, & ſerui formam, ac totius mundi calamitatem & miſeriam aſſumpſiſſet, non tantùm homo factus, ſed nouiſsimus virorum, vir dolorum, & expertus infirmitatum Eſa. 53. abiectio plebis. Pſal. 22. legi ac morti obnoxius. Tali præſentia fuit ante reſurrectioné apud homines, de qua loquitur Ioan. 12. Secundò, *Chriſtus in mundo eſt* à reſurrectione, alio tamen modo, forma & ratione, regnat enim nunc vbiqve praeſens, exaltatus, glorificatus, iuxta Pſal. 8. & 110. & Paul. Epheſ. 1. Suſcitauit (inquit) eum ex mortuis, et ſedere fecit ad dexteram ſuam, &c. De hac altera pręſentia ipſe loquitur, Matth. 28.

O 3 Caſpari

Caspari Hubertini Bekendtnuß
vom Abendtmal des Herrn/ in der
Vorrede seiner Postillen.

SO kan ichs auch in keinen weg halten/ weder mit den alten/ noch mit den newen Berenga-rischen/ wölche verneinen die ware gegenwer-tigkeit Christi im heiligen Abendtmal/ vnd vernei-nen auch die mündtliche niessung/ des Leibs vnnd Bluts Christi im Sacrament. Denn jhre besten vñ fürnembsten argumenta bewegē mich gar nichts/ jhnen dadurch zuzufallen. Erstlich / das sie fürge-ben / Christus hab einen natürlichen Leib/wie an-dere Menschen/ ein natürlicher Leib aber könne nicht zugleich an vilen orten sein / darumb sey der Leib Christi nicht im Sacrament. Solch jr Ar-gument bewegt mich/wie gemelt/ gar nicht. Dann ob wol Christus einen waren natürlichen Leib hat/ wie ein ander Mensch / so ist doch sein Leib / ein wunderbarlicher Leib/ dieweil er den vortheil/ für aller anderer Menschen Leib hat/ das er mit der Gottheit vereinbaret ist/vñ also Gott vnd Mensch ein Person worden/zweyer naturen/denn der Leib Christi/ kan auff dem Wasser gehn/Mar.9. er kan auch verschwinden / Luc. 24. er kan durch versi-gelten Stein auß dem Grab erstehn / Matth. 28. Denn Christus ist zuuor erstanden / ehe der Engel den Stein hinweg waltzet/wölches erst hernach ge-schabe/da die Weiber zum Grab kamen/vmb wöl-licher willen / der Engel den Stein hinweck ruckt/

damit

damit die Weiber sehen/ das Christus erstanden
were/ vnd der Stein nicht versigelt blibe/ biß an
den vierdten tag/ vnnd die Juden alßdann hetten
frolocken mögen/ Christus were nicht am dritten
tage erstanden. Darumb wann der Engel durch
hinwaltzung des Steins/ hette Christo auß dem
Grab müssen helffen/ so were es jhn ein armer/
schwacher Christus gewesen/wölchen die Band des
Todts nicht kondten halten/ Psal. 16. vnd der ar=
me Stein solt Christum können auffhalten/ da
wer der Stein/die Creatur/stercker/ dañ Christus
der Schöpffer selber/ da wer auch der Engel/ der
Diener/gewaltiger/ dann sein Hertz selber/wenn jm
der Engel herauß geholffen hette/ Nein/die vnehr
wöllen wir Christo nicht zumessen. Item der Leib
Christi ist durch verschlossene Thür zweymal zů
den lieben Aposteln kommen/ wölches Johan. 20.
für ein sonderlich zeichen/vnd wunderwerck beschri=
bë/vñ angezogen würdt. Der Leib Christi ist auch
über sich ein die Lufft/Wolcken/vnnd Himmel ge=
fahren/ Act. 1. hat sich auch zur Rechten des Vat=
ters gesetzt/vñ ist auß eigener Krafft allenthalbë/
im Himmel vñ auff Erden/ wölches alles vnserm
Leib vnmüglich ist/ denn sein Leib ist ein sollicher
Leib/der am aller nechsten ist der ewigen Gottheit/
jha mit Gott also vereiniget/ das auß Gott
vnnd Mensch ein Person worden ist/
darumb ist seinem Leib nichts vn=
müglich/sonder ist an allen or=
ten/ im Himel vñ auff
Erden.

Caspar

Caspari Huberini ſibentzig

Schlußreden/ von der Rechten Hand
Gottes vnd der Gewalt Chriſti/vor viͤ
len jaren außgangen / vnnd zů
Augſpurg getruckt.

1.

Je Rechte Hand / Arm / Gewalt/ Stercke/
Maieſtet Gottes / ꝛc. war vor der erſchöpf
fung aller Creaturn/dañ ſie hat alles erſchaf
fen / Himmel vnnd Erden / vnd was darinnen iſt.

2.

Was aber war vor der erſchöpffung aller Crea
tur/das můß Gott ſein/vnd kan kein Creatur ſein/
dieweil alle Creatur durch ſie erſchaffen ſein.

3.

Darumb iſt die Rechte Gottes nichts anderſt/
dañ Gott ſelber/dz iſt/ſie iſt ein einigs einfeltigs We
ſen mit der Gottheit/vnzertrennet vñ vnzertheilet/
was ich aber von der Rechtē Gottes ſage/daſſelbig
ſag ich auch vom Arm/Gewalt/Maieſtet/ ꝛc.

4.

Dieweil nun die Rechte / Arm / ꝛc.iſt ein einige/
einfeltige Gottheit vnzertheilet/ dann die Gottheit
an ir ſelber vnzertheilet iſt/vnd vnbeweglich.

5.

So folget das ſie allenthalben gegenwertig iſt/an
allen endē/dieweil ſie alles erſchaffen hat vñ erhelt.

6.

Nicht das ſie ein lang/dick/breit/hohes ding ſey/
das alſo außgedehnet vnd außgeſpannet můß ſein/
gleich

gleich wie der Himmel über der Erden ist außge=
spannet/ vnd sie vmbzeunet.

7.

Sonder also/das kein Creatur so klein nicht ist/
die Rechte Gottes ist noch kleiner/ vnd ist selbst ge=
genwertig darinnen.

8.

Vnd widerumb/ist kein Creatur so hoch / breit/
dick/lang/groß/die Rechte Gottes ist noch höher/
breiter/ dicker/lenger/ vnnd grösser.

9.

Das ist/ Gottes Rechte / ist ein sollich Göttlich
Wesen/ das kein Creatur jr zuklein / noch zu groß
ist/sie ist selbst selber drinnen/in jrem aller inwendig=
sten/außwendigstē/vmb vñ vmb/ durch vñ durch/
vnden vñ oben/ vorn vnd hinden/das also die Welt
Gottes vol ist/vnd er sie alle erfüllet.

10.

Vnd doch nicht von jr beschlossen oder vmbfan=
gen/sonder auch ausser/vmb/über alle Creatur ist.

11.

Widerumb so klein / das sie in einem körnlein/
über ein körnlein/ durch ein körnlein / inwendig vñ
außwendig / gegenwertig vnd wesendtlich ist.

12.

Vnnd obs wol ein einige Maiestet ist/ dannoch
gantz vnnd gar in einem jeglichen besonder/der vn=
zelig vil seind / sein kan.

13.

Dieweil nun sein Gewalt einig / vnd einerley ist
(wie gehört)vnd theilet sich nicht/ so muß die gantz
Göttlich Maiestet/oder Gewalt da sein.

14.

Darauß volget/ das die Rechte Gottes/ wölche
ist Gott selber/ allenthalben an allen enden ist / ein
vnendtliche/ vnerforschliche Gottheit.

15.

Dieweil aber Christus warer Gott / die Rechte
Gottes selber ist / das ist / er ist gleicher Gott mit
dem Vatter/ein einig Göttlich wesen / wiewol zwo
Person/ 16.

So sitzt er nit zur rechtẽ nach der Gotheit allein/
dieweil er die Rechte selber ist/ dañ nach der Gott-
heit empfahet er nichts/dieweil ers vor alles hat/

17.

Sonder auch nach der Menscheit / sitzt er zur
Rechten Gottes / Psal 8. Heb. 2.

18.

Sitzen aber zur Rechten Gottes/ ist./ allen Ge-
walt haben/im Himmel vnd auff Erden/ Matth.
28. vnd alles in allen erfüllen/ Ephes.1.

19.

Dieweil nun disem menschen Christo/ vñ keinem
andern/also gegeben ist worden/ sitzen zur Rechten
Gottes/ 20.

So volgt/das er allen Gewalt hat empfangen/.
vnnd bey ihm kein Wort vnmüglich ist/Luc. 2.

21.

Hat er nun allen Gewalt empfangen / so hat er
auch disen Gewalt/das er kan sein vñ ist/allenthal-
ben / wo die Gottheit ist / dieweil auß Gott vnnd
Mensch ein Person ist worden.

22.

Ob schon solches bey vns vnmüglich ist/ so ists
bey Gott alles müglich/Luc. 18.   23.

23.

Vnd nicht allein iſts jhm müglich / ſonder auch
thüt vnnd braucht ſolliches.

24.

Dann gleich wie die Rechte Gottes an kein ort
nirgend beſtimbt iſt/in ſonderheit/ vnnd daſelbſten
angebunden/das ſie eben daſelbſten müſſe ſein vnd
ſonſt nirgend/

25.

Alſo iſt auch Chriſtus nirgend an keinem ort an=
gebunden (dieweil er ſich geſetzt hat zur Rechten
Gottes) das er an einem ort müſſe ſein/ vnnd ſonſt
nirgend.

26.

Sonder wo man ſagen kan / da iſt die Rechte
Gottes / daſelbſt kan man auch ſagen/ da iſt auch
Chriſtus ſelb ſelber.

27.

Dann die Rechte Gottes iſt nicht ein leiblicher
begreifflicher raum / etwa an einem ort.

28.

Darumb hat auch Chriſtus kein leiblichen / be=
greifflichen raum innen / würdt auch von keinem
leiblichen ort vmbfangen / oder beſchloſſen.

29.

So jhn dann kein leiblicher ort begreifft / noch
helt an einer leiblichen ſtatt/

30.

So iſt er auch nirgend angebunden/würdt auch
dauon nicht verhindert / ſonder iſt allenthalben/
wo die Rechte Gottes iſt.

31.

Vñ gleich wie die Rechte Gotes allenthalbē iſt/vñ

in einer jeglichen geringsten Creatur selber/ vnd nit
darumb folget / das vil Rechte Gottes seien/ die=
weil vil Creatur seind/ in wölchen sie/ in einer jegli=
chen besonder selb selber ist.

32.

Also volget auch nicht/ das Christus darumb vil
Leib müsse haben/ so er an vilen orten ist/ oder an al=
len Enden zugleich.

33.

Dann Christus mehr weise hat/ an einem ort zů=
sein/ vñ zugleich allenthalben / ob er schon solliches
nicht thůt nach der begreifflichen weise.

34.

Hat Gott die weise funden/ das sein Allmechtig=
keit also sein kan / an einem jeglichen ort besonder/
vnd doch zugleich allenthalben.

35.

Wieuil mehr kan er die weise brauchen/ das auch
sein Leib also sein kan allenthalben/ vnd doch nicht
darumb vil Leib dürffe haben.

36.

Dann dieweil auß Gott vnd Mensch ist worden/
ein einige vnzertrennte Person/ vnd sich kein ort oder
raum trennen noch scheiden lasset.

37.

So můß folgen / das die Menschheit sein můß/
wo Gott ist. Dañ in jhm wohnet die gantze fülle der
Gotheit leibhafftig/ vñ ausser Christo ist kein Gott.

38.

Darum wo mir Gottes Son angezeigt würdt/
da můß er daselbst mensch sein/ sonst wurd mir an=
zeigt ein Son Gottes/ der nicht mensch were/ vñ ein
Gottes Son/ der mensch were.

39

39.

Darauß volgete/ das ich nicht ein einigen Son
Gottes hette/ sonder vil/ wölches ein grewel vnnd
grosse Ketzerey were.

40.

Dann an einem ort hette ich ein Son Gottes der
Mensch were/ vnnd an einem andern ort hette ich
ein Gottes Son/der nicht Mensch were.

41.

So wurden mir die stett vnd raum machen/ das
ich vil Götter hette.

42.

Dieweil stett vnd raum solches verhindern/ vnd
zuwegen könden bringen.

43.

Nun sagt aber die Schrifft/ das der gantz Son
Gottes/das Wort(nit ein theil des Worts/ vnd das
ander nicht)habe die Menschheit an sich genommen.

44.

Dañ da Gottes Son die menschheit in Mütter
leib an sich genommen hat/da ist er selb selber/gegen-
wertig gewesen/ vnd die gantze Gottheit ist mit der
Menschheit bekleidet worden/vnnd vereiniget.

45.

Gott ist ein einigs vnzertheilts wesen/ wie drobẽ
gehört ist/vñ laßt sich nicht trennẽ/das ein stuck der
Gottheit were mensch worden/vñ das ander nicht.

46.

Darumb als wenig ich mit meiner vernunfft be-
greiffen kan/ wie es zů sey gangen/ das Gott/ den
Himmel vñ Erdẽ nit begreiffen köndtẽ/ der jung-
frewliche Leib vñ die Menschheit Christi begriffen
habe/vñ begreifft.   P z   47.

47.

Also kan ich auch nit erlangen mit menschlicher
Vernunfft/wie Christus/den das Creütz begriffen/
die Krippē vmbfangē habē/2c. soll also vnbegreif-
flich sein / das jhn weder Himmel noch Erden be-
greiffen kan   48.

Darumb wöllen wir vnser Vernunfft vnder den
gehorsam Christi gefangē legē/die altē Schüch mit
Mose außziehē/vñ mit Nicodemo newgeborn wer-
den.   49.

So könden wir durch den Glauben solche Wun-
derwerck Gottes begreiffen/vñ bekennen/das er die
warheit sey/was er sagt/das sey ja/ob es schon vn-
müglich duncket.

50.

Darumb seind dise wort nicht wider einander/er
sitzt zur Rechten Gottes / vnnd / das ist mein
Leib/2c.   51.

Ob es wol vnser Vernunfft nicht begreiffen kan/
wie es zügehe / das Christus im nachtmal gegen-
wertig sey/dieweil er von vns auffgenomen ist wor-
den / gehn Himmel gefahren/ vnnd nicht mehr bey
vns wohnet/sichtbarlich/wie zuuor.

52.

Dann er nicht schlechts gehn Himel ist gefahren/
wie der Apostel Geschicht anzeigt/

53.

Sonder hat sich auch gesetzt zur Rechten Got-
tes/wie Marcus sagt am letsten Cap.

54.

Das ist/jm ist aller Gewalt gegebē wordē im Hi-
mel vñ auff Erden / wie Mattheus solliches noch
klärlicher außweiset cap.28.   55.

55.

Das ist/wie Paulus gar außtruckt Ephes. 1. Er ist geseht wordē zur Rechtē Gottes im Hīmlischen wesen/über alle Fürstenthumb/ Gewalt/ Macht/ Herrschafft/vñ alles was genañt mag werden/ nit allein in diser Welt/sonder auch in der zukünfftig/ vnd alle ding vnder seine Füsse gethon/ıc.

56.

Sitzt er nun zur Rechten Gottes auch nach der Menschheit/wie der achte Psal. sagt/

57.

So ist er auch allenthalben gegenwertig / an allen enden/wie die Rechte Gottes ist.

59.

Nicht das er auff die begreiffliche/sichtbarliche weise gegenwertig sey/wie vnsere Vernunfft ir fürbildet/wañ sie von der gegenwertigkeit Christi hört sagen/

59.

Sonder vnbegreifflicher/übernatürlicher weise/ vnd doch der natürlich Christus.

60.

Dañ er ist darumb nit ein anderer Christus/ ob er schon ein andere weise mit seiner gegenwertigkeit brauchet / weder er sonst sichtbarlicher / begreifflicher weise erzeigt hat/vnd sich erzeigen kan/ wañ er will/als er am Jüngsten tag thůn würdt.

61.

Darumb/ es sey Christus sichtbarlich oder vnsichtbarlich gegenwertig/so ist er doch allweg allein nur der einig Christus / der von Maria geborn ist.

62.

Gleich wie er nit ein anderer Christus war/ob er wol
zů ver-

zu verſchloßner Thür kam zů den Jüngern/durch
den verſigelten Stein erſtünde / vñ voz den Jüngern zů Emaus verſchwande.

63.

Alſo iſt er darum auch kein anderer Chriſtus/ob
er wol von vns im Nachtmal genoſſen vñ empfangen würde'/ vnempfindtlich vnnd vnſichtbarlich.

64.

Dann eben derſelbig Chriſtus / der die Jünger
auſſendet zůpzedigen in aller Welt/der verſpzicht
ſnen auch / das er bey jnen wölle ſein/biß zum End
der Welt.   65.

Darumb/dieweil kein anderer Chriſtus iſt/er ſey
ſichtbarlich oder vnſichtbarlich / dann der für vns
gelitten hatt/vnd vns erlöſet.

66.

So folget / das auch eben derſelbig ſein will/wo
zwen oder dzey verſamblet ſeind in ſeinem namen/
mitten vnder jhnen / nach laut ſeiner verheiſſung.

67.

Wölches er auch erzeigt hat mit eigner Perſon
(da die zwen gehn Emaus giengen) vñ nicht allein
mit ſeiner gnad / wie ettliche deütten.

68.

Darumb werden vns diſe zwey wöztlin / ſichts
barlich vñ vnſichtbarlich keinen andern Chziſtum
machen/noch anzeigen können.

69.

Sonder der einig Chziſtus / Gott vnd Menſch/
ſey wo er ſey/auch wie er ſey/ſo iſt er der einig/vnzertrennete / natürliche Chziſtus / der vns erlöſet
hat.

Ob wol die Schꝛifft von beyden Naturn Chꝛi=
sti etwa vnderschiblich redet/so trennet sie doch die=
selben zwo Naturen nirgend von einander / sonder
laßt sie ein einige Person/vnzertrennet vnnd vnzer=
theilet bleiben.

Miniſtri Eccleſiæ Hamburgenſis
ad Vueſtphalum, Anno, &c. 56.

TErtium fundamentum, æquè firmum &
cum prioribus coniunctiſsimum, eſt vnio
hypoſtatica diuinæ & humanę naturæ in Chri-
ſto. Nõ diffitemur, ex verborũ Chriſti expoſito
ſenſu rectè inferri & ſequi, Chriſtum verum
Deum & hominem ſimul & ſemel in pluribus
locis præſentem eſſe. Id verò cum à natura hu-
mana alienum ſit, eamq̃; Chriſtus cum omni-
bus ͵pprietatibus, absq̃; tamen peccato, aſſum-
pſerit, ideo rurſum, id quod de eius præſentia
& communione in Euchariſtia tradimus atq̃;
credimus, tanq̃; paradoxon & atopon reijci-
tur. Huius nodi, qui vel ipſo gordio intricati-
or apparet, facilem præbent ſolutionem, quæ
de duarum in Chriſto naturarum perſonali v-
nione, ſcriptura perhibet. Quam enim huma-

Q   nitatis

nitatis Chrifti præfentiam in pluribus, imò
omnibus locis : ratio carnis exfibilat, eam
mens fpiritu & verbo Dei inftructa atq; illu-
minata, firmifsimo affenfu amplectitur, &
ftatuit, hoc iacto fundamento, quòd humani-
tas & diuinitas Chrifti perfonaliter vnitæ
fint, & diuina vtpote fuperior, aut affumens in
ifta hypoftatica vnione affumptæ humanæ,
fua idiomata, non folùm verbotenus, fed eti-
am reipfa, ad eius exaltationem & glorifi-
cationem communicet. Immotum effe hoc
fidei fundamentum, fequentia fcripturæ tefti-
monia confirmant, Colof. 2. Habitat plenitu-
do diuinitatis in Chrifto σωματικῶς. Matth. vlt. Da-
ta eft mihi omnis poteftas in cœlo & in terra.
Ephef. 1. Fecit federe ipfum ad dexterá in cœle-
ftibus fupra omnem principatum, poteftatem,
virtutem & dominium, & omne nomen, quod
nominatur non folùm in hoc feculo, fed etiam
in futuro, Ephef. 4. Qui defcendit, idem eft, qui
afcendit fupra omnes cœlos, vt impleret om-
nia. Hac realis communicationis ratione, af-
fumptá natura humana Chrifti, vnà cum af-
fumente diuina, remittit peccata, verbo eijcit
diabolos,

diabolos , fanat omnis generis morbos, ambu-
lat fupra mare, paucos panes ita adauget, vt eis
multa millia hominum ad faturitatem ciben-
tur,atq; duodecim cophini fragmentorum tol-
lantur , refufcitat mortuos , nouit cogitationes
hominum, exaudit preces,regit & defendit Ec-
clefiam contra inferorum portas. Hac eadem
realis idiomatum communicationis ratione,
Chrifti humanitas vnâ cum diuinitate præfens
eft in cœna facra , præfens etiá eft in baptifmo,
præfens in verbo, præfens in omni cœtu in no-
mine Dei ritè congregato.

- Enimuerò vt hæc de noftris corporibus af-
feuerare ineptifsimum effet , quod eis non eft
vnita perfonaliter & infeparabiliter diuinitas,
ita de Chrifti id corpore fieri , doctrina & fides
Chriftiana poftulant, propter eam quam dixi-
mus hypoftaticam naturarum vnionem, &
realem idiomatum communicationem. Re-
fufcitare mortuos (vt reliqua præteream) æquè
impofsibile, & inconueniens eft humanitati
Chrifti, abfolutè extra vnionem confideratæ,
atq; adeffe fimul & femel in pluribus vel om-
nibus locis. At poteftas refufcitandi mortuos
in Chrifto , humanitati , perinde ac diuinita-

.....J Q 2 ti

ti competere, creditur propter earum vnionem perfonalem. Quid igitur obftat, quo minus propter eandem credendum fit, quòd eius humanitas vna cum diuinitate vbiq; adfit? Sunt enim hæc idiomata humanitatis non effentialia aut naturalia, fed fupernaturalia, & communicata à præftantiore diuina, quæ eam fibi ἐπισαλμὸς vniuit.

Quartum fundamentum eft afcenfio Chrifti in cœlum, eiusq; ad dextram Dei Patris fui fefsio. Huius fidei certifsima funt teftimonia fcripturæ, vt Matth. 25. Amodo videbitis filium hominis fedentē ad dextram virtutis Dei. Heb. 1. Confedit ad dextram maieftatis in excelfis. Item: Data eft mihi omnis poteftas in cœlo & in terra. Et conteftátur idem ifti fcripturæ loci, qui in tertio fundamento, de communicatione idiomatum allegati funt. Eftq; in his cumprimis notabile, quod dicit Apoftolus: Euectum effe Chriftum fupra omnes cœlos. Qui fupra omnes cœlos afcendit, ei ineptè & falfo in cœlo fola præfentia localis, cæteris diuinæ præfentiæ modis exclufis attribuitur. Hinc elucet veritas præfentiæ humanitatis Chrifti infenfibilis, cùm in cœna dominica,

                                                    tùm

tùm in piorum cœtibus, tùm omnibus locis. Nam quid mirum est, eam,relicta hac vita naturali & corpoali, in cœlestem spiritualem, i-mò diuinam translatam, & ad dextram virtutis & maiestatis diuinæ exaltatam, vnâ cum diuinitate personaliter sibi vnita,vbiq; & quidem corpore vero & viuo adesse, licet à nobis neq; videatur, neq; vllo externo sensu contrectetur, sicut neq; istis sensibilibus modis angelica, & diuina essentia, quæ tamen certò nobis presens est, compræhenditur?

Neq; verò initium communicationis idiomatum, ad resurrectionis vel ascensionis tempus tantùm astringendum est. Nam incepit ea in Christi incarnatione, vnâ cum hypostatica naturarum vnione, nec vnq; postea humanitas diuinitatis proprietatum expers fuit, aut priuabitur eis. Quod semel ei communicatum est, in æternum ab ea non auferetur. Hinc est quòd Christus non modò secundum diuinitatem, sed etiam humanitatem suam, tempore humiliationis remisit peccata, sanauit omnigenos languores, eiecit Diabolos, in monte Tabor clarificato corpore apparuit, corda hominum nouit, mortuos resuscitauit, & cùm cœ-

nam

nam facramentalem inftituerit, quamuis vi-
fibiliter accumbens, tamen corpus & fangvi-
nem fuum, nullo humano fenfu deprehenfi-
bilia, difcipulis ore fumenda diftribuit. Sic
enim Chriftus inter nos habitauit, vt nec à
dextera Dei recefferit, aut virtute, potentia,
& maieftate diuina caruerit vnquam, neq;
cùm, quæ obedientiæ fuæ erant adminiftra-
bat, eam exuerit, & nihilominus ea,
pro fuo arbitrio aduocationis atq;
doctrinæ veritatem, & gloriam
fuam comprobandam &
manifeftandam, fæpe-
numero vfus
fit.